LA CORSE

EN 1868.

NOTES

SUR

L'ILE DE CORSE

EN 1868.

DÉDIÉES A CEUX QUI SONT A LA RECHERCHE
DE LA SANTÉ ET DU PLAISIR.

PAR

THOMASINA M. A. E. CAMPBELL

DU CHATEAU DE MONIACK (ÉCOSSE).

Traduction Française.

AJACCIO :

IMPRIMERIE J. POMPEANI ET LLUIS.

1872.

PRÉFACE.

Un auteur Français a dit, une fois, que voyager c'est toujours la même chose. — " Toutes les villes sont les mêmes : des maisons à droite, des maisons à gauche, et la rue au milieu " Il n'en est pas de même pour les villages de la Corse. Quoiqu'on puisse dire qu'on ne fait que tourner, soit en montant soit en descendant, toujours une montée ou une descente, il faut aussi se souvenir que dans un pays très montagneux cela est inévitable. Il est possible, encore, que la répétition si fréquente du mot *macchie*, arbres ou arbustes toujours verts, imprime quelque chose de monotome au paysage. Si cela est, ce n'est que sur le papier, et non en réalité. On en a fait une mention spéciale dans ce livre pour montrer combien est encore considérable, en Corse, l'étendue du sol non cultivé, et combien l'accès en est facile aux colons, grâce à l'excellence des chemins. On a choisi le mot italien *macchie* comme étant moins laid que le français *makis* ou l'anglais *scrub,* bien qu'ils soient, tous les trois, indignes de ce que la nature a fait si richement beau. Assurément, il y a peu de fleurs plus belles que celles du simple myrte ou que celles du cistus lilas, à fleurs caduques; peu de fruits plus beaux que ceux de l'arbousier, pendant de son arbre en miniature comme une grappe de fraises. Pour donner quelque idée de l'arome délicieux dont les arbustes indigènes parfument l'air, nous n'avons qu'à rappeler le mot si vrai, mais si triste de Napoléon à Ste Hélène : « A l'odeur seule je devinerais la Corse les yeux fermés. »

Ajaccio, le 6 juin 1868.

Lorsque Énée abandonna Didon, son compagnon Corso enleva la princesse Sica, nièce de la reine et sœur de Sardo. Suivi de cette dernière il se réfugia dans une île, ou ayant été élu roi, il donna au pays son propre nom et celui de sa femme Cors-sica : et les noms de leur quatre fils, Ajazzo, Alero, Marino et Savino aux villes d'Ajaccio, Aleria, Mariana et Sagona.

Un historien moderne a proposé de changer le nom d'Ajáccio en Napoléopoli.

L'ILE DE CORSE.

La belle île de Corse devient maintenant à la mode, et sort de l'état d'abandon où elle est trop longtemps restée.

Ayant le golfe de Gênes au nord, la Sardaigne au midi, les États Romains à l'est et l'Espagne à l'ouest, à six heures de Livourne, à douze de Nice, et à trente-six seulement de Paris, il paraît incroyable que les montagnes, les mines, les marbres et les eaux minérales qui y abondent, soient si peu connues ; qu'un climat si délicieusement doux et en même temps, si fortifiant, soit si peu recherché et qu'un terrain si prodigieusement fertile soit toujours abandonné à ses natifs macchie. (1)

(1) La Corse a une superficie de 980,510 hectares, dont 20,000 en vigne, 300,000 cultivés et 500,000 en friche. Il y a 44 forêts domaniales, occupant 44,890 h et 167 forêts communales d'une superficie totale de 71,000 h. Ces forêts se composent des essences suivantes : pin lariccio, pin maritime et sapin, — chêne vert, chêne quercus, chêne-liège et hêtre.

Un hectare, c'est-à-dire une surface de 10,000 mètres carrés, équivaut à 2ª,471 acres anglais.

Quand on pense que sur deux millions et quart d'acres anglais, bien moins que la moitié a été mise en culture, on peut bien se demander pourquoi les colons s'exilent, en Australie, dans la nouvelle Zélande ou à la Plata, alors qu'ils pourraient se procurer du terrain à une distance aussi rapprochée de leur patrie? Et cela dans un pays où les vins peuvent lutter avec ceux de la France, de Madère et de l'Espagne ; où l'olive est indigène et où les premières prairies artificielles à irrigations ont donné huit coupes de luzerne en une année. Pourquoi, la Corse est-elle mise de côté, et deshéritée de sa part de la richesse répandue sur la Riviera, plus heureuse quoique beaucoup plus froide? Nous espérons que des temps meilleurs sont proches, et que cette île, si merveilleusement douée par la nature, ne sera pas plus longtemps négligée par l'homme.

Le docteur Bennett de Menton, a ouvert le chemin par deux courtes visites à Ajaccio et son expérience de la Riviera, le met à même de juger de la supériorité de ce climat. Il a été suivi par le docteur Ribton, qui a écrit un livre intitulé : *Corsica in 1868* et qui a l'intention de se fixer à Ajaccio. Au docteur Biermann, qui est autorisé par le gouvernement impérial de la France, à exercer en Corse et qui résidera à Ajaccio, l'île lui sera, pro-

bablement, redevable d'avoir encouragé ses compatriotes à se fier aux eaux bleues de la Méditerranée, et à quitter les brises froides de leur
Vaterland pour jouir de la chaleur bienfaisante et
du soleil ardent de cette *terra incognita* si pleine
d'attraits. Qu'on ne se trompe pas, cependant, sur
le sens du mot chaleur, car ici on n'entend pas
un été éternel ; on veut tout simplement constater,
que le vent, quand il souffle au mois de mars, est
moins rigoureux et moins pénétrant dans cette île,
que sur le continent. Et toute personne qui au 1er
janvier 1868 venait de changer le froid aigu, la
gelée, et la poussière de Nice, contre le beau climat
d'Ajaccio pourrait dire en toute honnêteté: "Sui-
vez-moi. "

Dans un pays nouveau, quelques mots sur ce
qu'il y a à voir et sur la manière de le voir, peuvent ne pas être inutiles. —J'offre donc ces pages,
comme une espèce de post-scriptum au *Handbook*
de Murray, lequel donne bien des détails qui ne
sont pas reproduits ici. Ce petit livre n'a pas la
prétention de visiter toute l'île, mais seulement
quelques unes des parties les plus intéressantes.

Le paysage est bien trop beau et trop grandiose
pour que j'ose espérer lui rendre justice. Le meilleur conseil que je puisse donner, c'est qu'on
vienne et qu'on juge par soi-même.

On peut maintenant louer de très bonnes voitures à Ajaccio, à l'heure ou à la journée, en s'adressant à Jean (ce nom seul suffit.) C'est un homme très-poli : lui et ses cochers connaissent bien le pays. Sa maison est sur le cours Napoléon nº 53. (1)

Ses petits poneys sont les mieux nourris, et parcourent au trot des distances qui feraient faire la grimace à un palefrenier anglais. J'ai parcouru plus d'un millier de milles anglais dans ce beau pays, et par les trois manières, c'est-à-dire, par la poste, avec les petits poneys de Jean, et par la diligence ; et décidément je donne la préférence aux poneys. Qu'on se souvienne cependant, que les poneys peuvent être surchargés ; et si, quand vous choisissez par économie, les voitures de Jean, de préférence aux chevaux plus forts de la poste, vous épargnez vos sous, vous courrez risque de perdre votre humeur, et votre temps.

Le coupé, le compartiment le plus aristocratique de la diligence, est détestable ; vous y grimpez par la roue, et vous vous cassez la tête en entrant,

(1) Le pauvre Jean est mort depuis, par suite d'un accident. Dioniso, qui lui a succédé, demeure en ce moment cours Napoléon nº 51.

grâce au peu de hauteur de la portière. Les trois
glaces de devant sont presque masquées par le
marche-pied du cocher et du conducteur, dont les
jambes pendent ordinairement devant vos yeux :
leurs bottes surtout, n'ont rien d'attrayant. Vos
propres jambes sont écrasées dans l'espace étroit
qu'on vous accorde, et, quoique ce soit supporta-
ble pour deux personnes, quand on est trois, ce qui
est le nombre habituel, on doit se trouver comme
dans un four. L'intérieur ou corps de la lourde
machine, s'il est construit pour six, est suppor-
table pour quatre ; s'il est construit pour quatre,
il n'est pas mauvais pour deux, et, comme il y a
une glace à la portière qui est au fond de la voiture, où vous entrez par un marche-pied, vous
avez plus d'air que dans le coupé. Les conducteurs
sont excessivement polis, quand ils sont éveillés.
Du reste, la politesse est à l'ordre du jour en Corse.
Tout le monde vous salue gracieusement et vous
dit quelque chose d'agréable en passant, quelquefois simplement " *Evviva* ".

L'année prochaine, il y aura quelques voitures
d'une espèce plus légère sur la route d'Ajaccio
à Bastia, pour prendre les malles et les voyageurs pressés, c'est-à-dire, les Anglais. Et le
voyage sera arrangé de manière à ce qu'il
ne sera plus nécessaire de traverser le plus

beau du paysage pendant la nuit, comme le fait la diligence actuelle. Cette dernière, cependant, prendra toujours tout le bagage lourd. Vous pouvez maintenant couper en deux le chemin d'Ajaccio à Bastia en couchant à Corte, et en continuant votre chemin le lendemain matin par la voiture de 7 heures appartenant aux frères Gambini.

Le bord de la mer à Ajaccio est ravissant ; beaucoup de coquillages, du sable très fin et de très beaux rochers. Ces derniers s'étendent jusqu'aux îles Sanguinaires sur une longueur d'environ 10 milles. A Nice, au contraire, vous n'avez que de gros galets, et beaucoup de blanchisseuses.

Le *Handbook* est très-injuste pour le poisson qui est excellent, très-abondant et très-bon marché. Et la variété vraiment extraordinaire des couleurs délicates dont il est orné, rappelle la lampe d'Aladin des Mille et une nuits, et semble quelque chose de trop beau pour le siècle actuel. Voici quelques uns de ces poissons.

D'abord, la *bécasse de mer* tout gris et argent avec un long bec comme celle de terre. Puis *la regina* aux teintes splendides marquée de raies ravissante en zigzag. D'autres saumonés et noirs, aux bandes bleu clair entrelacées sur les côtes. D'autres encore, couleur de vermillon et vert clair, qui forment des dessins fantastiques sur fond blanc. Puis le *scorpio*, ordinairement couleur de flamme ou pourpre changeant, avec une masse d'épines et de nageoires. Puis un autre au teint olivâtre et ayant sur les côtes des raies, ou des tâches d'un beau carmin. Et puis un autre, vert et or d'un brillant superbe, contrastant fortement avec le *prete* dont la tête énorme, la machoire inférieure en avant, et la bouche carrée avec d'épaisses cornes, ou épines, attirent tous les yeux, comme le fait aussi un singulier petit poisson à tête épaisse, aux nageoires dorsales immenses sur lesquelles une grande tâche noire entourrée d'un bord blanc, semblable à la marque du pouce de St-Pierre sur notre *John Dory* ou poisson de St-Pierre. Le *coq de mer* aux ailes brillantes, bleu et vert, n'est pas rare dans le golfe; mais il est difficile à prendre : la faculté qu'il a de voler lui permettant de sauter hors du filet. La *murena*, beau poisson brun foncé avec des tâches jaunes, ou plutôt des marques semblables à des cercles brisés représentant des figures bizarres, est fort estimé pour la délicatesse de sa chair. On en fait une grande exportation ; mais il ressemble trop à un gros serpent pour que je sois tentée d'en manger. (1) Je remplirais un volume,

(1) Il parait que l'auteur en a mangé depuis et qu'il l'a trouvé excellent. *(Note du traducteur.)*

si je détaillais, la moitié seulement, des merveilles de la mer qu'on peut voir dans le marché aux
poissons d'Ajaccio. Je me bornerais donc à dire
que, les anchois et les sardines y abondent, qu'il
y a des maquereaux et des soles excellents,
et une sorte de poisson lilliputien, transparent
comme le verre, avec une ligne rouge qui court le
long du dos et de grands yeux vert-dorés. Le
nom Corse de ce poisson, est *bianchetta*. Il ressemble beaucoup au *Whitebait* anglais ; on en fait
une excellente friture et est même bon sans accom-
pagnement de pain et de beurre comme à *Green-
wich*. Les *homards* sont très beaux, les *langoustes*
excellentes. Il sont exportés aussi, sur une grande
échelle. Les crevettes sont fort bonnes, mais peu
abondantes. Même remarque pour les petoncles,
dont les coquilles sont très-jolies, jaunes, grises
et blanches à larges raies. On trouve aussi au marché, de très-belles huîtres de rocher dont la chair
est très-délicate et très-savoureuse, et dont les
écailles, celles au moins de plusieurs, sont munies de longues et curieuses pointes. Les *crabes*
de fond, sont d'une grandeur démesurée et avec
les pattes les plus longues qu'on puisse imaginer.
Ceux de rocher, au contraire, sont ramassés. *L'our-
sin* est fort goûté ainsi que le *haliotis* dont tout
Corse acceptera volontiers la chair épaisse, si vous

voulez en emporter seulement la coquille. Du reste, la belle doublure nacrée de cette dernière a bien plus de luisant quand elle sort toute fraîche de la mer, que lorsque vous la trouvez vide sur la plage.

On peut avoir du lait de vache et du très-bon. Si on le garde pendant la journée on peut se donner le luxe anglais, de la crême pour le thé. Le lait de chèvre aussi, donne de la crême très-épaisse, pourvu qu'il n'ait pas été coupé avec de l'eau. Ceux qui en ont fait l'expérience m'ont dit, que si l'on achetait le beurre du pays quand on l'apporte tout frais au marché, et si on le lavait bien et on y ajoutait un peu de sel, on pourrait le garder une semaine; il serait très-bon et bien préférable à celui qui est importé de Marseille.

Le commerce des merles est étonnant : tout le monde les chasse, tout le monde les mange. Et, quoiqu'on en exporte tous les ans, une centaine de mille d'Ajaccio seulement, ces oiseaux abondent dans les macchie, où, dit-on, ils ne se nourissent que de baies de myrthe ou d'arbousier.

Pourquoi les merles ne sont-ils pas si recherchés en Angleterre et en Écosse? Assurément parce qu'ils mangent à cœur joie, des cerises et d'autres fruits, et, s'ils devenaient à la mode, on les trouverait probablement, aussi délicats que leurs homonymes de Corse. A Ajaccio ils se payent trois et quatre sous la pièce. Bécasses, bécassines, cailles et perdrix, sont aussi d'une remarquable abondance ; surtout si l'on considère qu'a l'exception du samedi et du dimanche, la chasse en est interdite à moins d'avoir un permis. Les chiens qu'on voit en si grand nombre dans les rues, sont presque tous des braques.

Il y a de très belles promenades aux environs de la ville, et toute personne qui aime à grimper devrait faire l'ascension de la montagne de *Cacaluccia* ou *Cacalovo*, qui est au dessus de la ligne des chapelles mortuaires. La vue dont on en jouit en sera la récompense.

Le figuier-d'Inde *(Cactus opuntia)*, qui croit d'une manière si bizarre, et ses fleurs jaune clair, est un objet d'intérêt et de curiosité pour bien des personnes. Mais qu'elles prennent garde et qu'elles se contentent d'admirer sa perfide beauté sans y toucher. Car les points noirs que l'on remarque sur ses feuilles et ses fruits, sont couverts de millions d'épines à peine visibles, munies de pointes si fines et en même temps si résistantes, qu'elles passent à travers les gants les plus épais et pénètrent même tous les plis des vêtements. La difficulté extraordinaire qu'on éprouve à les arracher ne peut être appréciée que

de ceux qui en ont fait l'expérience à leur dépens.
L'irritation qui se produit, quand on ne les arrache pas, se termine souvent par de l'inflammation.
Les feuilles mortes sont tout aussi dangeureuses que les feuilles fraiches. Cette plante est à éviter à toutes les périodes de son existence.

On trouve en abondance beaucoup d'espèces de belles fougères. Entre autres le *Ceterach officinarum*, *l'ophioglossum lusitanicum*, la *Grammitis leptophylla*, et la *Cheilanthes odora* rappelant par son odeur le foin nouveau des prairies d'Angleterre ainsi que la fougère, la *Nothoclœna vellea*. Cette dernière cependant, est en très petite quantité et est très-difficile à trouver. Si l'on désire avoir les fougères il faut les cueillir en février. En mars, elles seront probablement desséchées et auront l'air d'être déjà mortes.

La connaissance de la langue italienne sera très utile en Corse. Elle fait beaucoup de plaisir aux habitants, qui ordinairement battent des mains en s'écriant : "*Ah ! parla Corsa, parla Corsa !*" Leur propre langue est un patois d'italien mêlé de mots Arabes, Espagnols et Français. Ils comprennent l'Italien mieux que le Français. Voici quelques échantillons de noms de fleurs comme une jeune paysanne Corse me les a donnés : *Pampurcini*, cyclamen ; *scopa*, bruyère ; *Samboli*, narcisse ;

Fantine ou cardebrusciate, coquelicots; *mourzo*, mousse; *Aqua benedetta* ou *malmignata* araignée.

Si par hasard vous aimez aller en bateau, Agostino vous en fournira un : quelque chose d'intermédiaire entre une galère de l'ancienne Rome et une cuve de blanchisseuse. Il le dirige lui-même à la rame, avec un jeune garçon, dont l'attirail nautique consiste, généralement, en haillons de toutes sortes et un seul soulier.

La ville apparait extrêmement belle, vue de la mer. Et une promenade sur l'eau au pénitencier de Chiavari, situé plus bas de l'autre côté du golfe, peut être intéressante. On peut encore aller à Santa-Barbara crique plus rapprochée, située au delà de l'Isolella, ou bien à la petite baie de Porticchio, si originale d'aspect, où le bateau pénètre entre deux petits rochers appelés dames-Jeannes, pour arriver à une plage de sable plus petite encore. C'est une très-bonne place pour y trouver des éponges et de très-petits morceaux de corail.

La pêche du corail commence au mois de mars. Onze felouques napolitaines, montées chacune par dix hommes, sont entrées cette année. Leur peau bronzée contrastait bien avec leur burnous et leur vêtement tout blancs. La grosse mer en dehors du Cap Muro, les avait empêchés de jeter leurs filets. Quand le vent s'est apaisé, ils ont fait voile, mais deux jours après trois des bateaux sont rentrés au port; leur manque de pêche (pas de corail) a été attribué à quelques mauvais œil. On a envoyé chercher un prêtre pour les bénir, et ils sont repartis tout heureux pour continuer leur travail. En 1826 quatre-vint-sept felouques vinrent de Gênes, de Naples et de Livourne pour la pêche du corail sur les côtes de Corse. Ils en ont rapporté 11,801 kilogrammes, évalués à 664,645, francs. (1)

Le corail est plus abondant sur la côte d'Afrique ; mais la qualité de celui de la Corse est meilleure.

Un système de pêche, très en faveur à Ajaccio, et plein d'attrait pour les enfants, consiste à dresser un roseau à l'arriére du bateau avec une petite clochette au sommet et auquel on y attache la ligne. Quand le poisson prend l'amorce la clochette sonne et vous de retirer le poisson. Cela s'appelle *pêcher à la clochette*, mais ça ne réussit qu'au commencement de l'été. (2)

Une pêche analogue, la pêche à la traine, con-

(1) Le corail rose se vend aujourd'hui de 400 à 500 fr. le kilogramme et le rouge de 120 à 140 fr. (*Note de l'auteur*. 1871) .

(2) A Paris elle s'appelle pêche au grelôt.

siste à jeter un bouchon monté de petites plumes blanches et armé de hameçons.

C'est la mode sur la Riviera, de dire du mal de la Corse, et de prédire toutes sortes de fièvres et de malheurs à ceux qui y vont. Je parle par expérience, et je suis d'avis que tous ceux qui auront le courage de braver ces contes de vieilles femmes me remercieront d'avoir donné l'exemple. Il reste maintenant peu de pays qu'on n'ait pas explorés ; il n'en est pas un seul qui offre autant de beautés si faciles à atteindre que celui-ci, et si ceux qui m'y suivront, y trouveront la moitié du plaisir que j'y ai trouvé moi-même, il y aura encore de quoi les satisfaire.

Ne sommes-nous pas tous sujets à tomber malades dans tous les pays? Est-ce qu'on peut citer un seul climat qui en soit exempt? Mais quant à un mal qui soit spécial à la Corse, je n'y crois pas. Une visite qui dure du 2 janvier au 5 juin ne peut pas être appelée une visite faite en courant et même maintenant, en juin, la chaleur n'est ni étouffante, ni insupportable ; au contraire, il y a invariablement une brise charmante qui se charge la nuit du parfum délicieux de la rosée des montagnes. Je crois que Zicavo, s'il était convenablement organisé pour les étrangers, pourrait devenir une des plus agréables stations d'été d'Europe.

Quand vous entendez parler du mauvais air, de la malaria, etc. rappelez-vous comment vivent les paysans. Prenez pour exemple la plaine de Campo di Loro. Un ouvrier s'y rend le dimanche soir, avec tous ses vêtements sur le dos et sa nourriture de la semaine dans sa besace, et avec une gourde pour tirer de l'eau de la rivière. Cette nourriture se compose de pain sec, de quelques oignons et d'un morceau de lard. Pour lit, de la fougère et pour couverture son pelone et le ciel pur, le tout accompagné d'une forte rosée ; pas une parcelle de nourriture chaude, pas une cuillerée de bouillon ne lui entre dans la bouche avant sa rentrée du samedi suivant ; c'est même fort douteux s'il en entre jamais. Et cependant ces pauvres travailleurs, ne prennent pas la fièvre. Il est évident qu'on a beaucoup exagéré· le danger. Que quelques fermiers viennent de la mère patrie, et qu'ils fournissent du travail et de la bonne nourriture pour ces estomacs vides, et bientôt le mauvais air deviendra une légende. Où trouverait-on, aux portes de son pays, un sol dont le rapport rembourserait aussi vite le prix de l'achat ?

Le prix d'un hectare de terre, à présent en *macchie*, est de 50 à 150 francs. Le défrichement coûterait de 80 à 150 francs. Cet hectare de terre défrichée, est alors sémée à blé, et à la seconde ou au plus tard à la troisième année, la vente de la récolte paie, non seulement les dépenses du défrichement, mais encore l'achat du terrain. Un hectare de terrain en coteau déjà défriché et cultivé, peut coûter de 200 à 1300 francs, quelquefois même 1500. Le prix d'un hectare dans la plaine est de 1500 à 2000 francs et monte quelquefois jusqu'à 2500.

Le prix de contruction varie de 12 à 15 francs le mètre cube, chaux grasse et sable compris. Le salaire d'un ouvrier varie de 1 fr. 50 c. à 5 fr. par jour. Le louage d'une paire de bœufs pour les labours, se paie 4 fr. par jour, laboureur compris. Le prix d'un bon bœuf sera à peu près 250 francs ; on en trouve aussi de moins chers. Le prix d'une bonne vache est d'environ 150 fr. Un décalitre de blé semé donne en moyenne, une récolte de 9 décalitres. On a trouvé jusqu'à 70 grains d'orge dans un seul épi de l'espèce commune, qui croissait difficilement sur un coteau très-incliné ou plutôt presque vertical et dans un terrain très-pauvre.

"*Aide-toi — le ciel t'aidera*". Tel est le vieux proverbe dont tout Corse devrait se souvenir, car il n'y a pas de pays où il soit plus vrai. Le soleil et le terrain y abondent et si les garçons voulaient seulement laisser là leurs habitudes du *dolce far niente* et travailler comme les filles, l'agriculture, serait plus florissante.

La population de la Corse, autrefois évaluée à ce qu'on dit à 2 millions d'âmes avec 33 grandes villes, ne compte maintenant que 250,000 habitants. Sur ce nombre il y a 2300 bergers et un grand nombre de soldats. Il serait plus sage d'avoir moins de soldats et moins de bergers et un plus grand nombre de laboureurs qui garderaient leur salaire dans leur propre pays, au lieu d'importer des Lucquois tous les ans, pour faire la besogne. Cependant le nombre de ces derniers a été réduit de 12,000 à 6000. Mais ils emportent toujours chez eux presque tout ce qu'ils gagnent vivant ici, de morue et de *polenta*; d'où l'on a calculé que chaque homme emportait en moyenne cent cinquante francs.

La variation qu'a subi le prix du terrain à Vallicelli dans la Casinca, est significative du prix qu'on pourra demander à l'avenir dans d'autres parties du pays. En l'an du Seigneur 1601, l'hectare de terre cultivée se vendait 54 francs. En 1815 l'hectare de terre non cultivée se vendait 150 francs. En 1865 l'hectare de terre arable valait 600 fr. Cependant la quantité de terre arable dans l'île n'a augmenté que d'un peu plus d'un tiers ; les vignobles occupant maintenant 20,000 hectares au lieu de 14,000.

L'écu de la Corse, en souvenir du royaume fondé par les Sarrasins, portait une tête de maure avec les yeux bandés. Lorsque Paoli arriva dans l'île, et qu'il réorganisait toutes les institutions, il crut qu'il était temps pour la Corse, de proclamer qu'elle voyait clair, et il fit sculpter des armoiries nouvelles la tête avec le bandeau relevé sur le front. On peut voir ces armoiries dans la bibliothèque de l'école Paoli à Corte. Le bandeau doit encore couvrir les yeux d'un grand nombre de propriétaires de ce pays négligé, sans cela, ils se seraient certainement assez réveillés pour comprendre tout ce qu'ils perdent par leur léthargie.

Oliviers, vignes, figuiers, abricotiers, châtaigniers, cérisiers, amandiers, mûriers, pêchers, grenadiers, poiriers, pommiers, pruniers, citronniers, tous réussisent merveilleusement et une fois plantés, vous pourriez vous endormir, comme dit la vieille chanson, il n'en pousseraient pas moins. Laissons donc les habitants de la Riviera jouir en paix de leur poussière et de leur mauvais drainage tout en leur rappelant, lorsqu'ils soulèvent des doutes et des craintes au sujet de la Corse, que dans ces mêmes plaines, considérées maintenant comme si malsaines, il existait autrefois des villes très-peuplées. La ville seule d'Aleria comp-

tait 60,000 habitants. Que la population revienne,
et la santé et la richesse reviendront avec elle, car
il y a de la richesse en abondance à tirer du sol.

Toute chose a besoin d'un commencement. Si
deux ou trois donnent l'exemple, les autres suivront vite ; et j'ose prédire que personne ne le
regrettera jamais. La bonté et l'hospitalité que
j'ai rencontrées dans l'île sont au dessus de tout
éloge et plusieurs de mes amis ont fait la même
expérience. Notre nation, surtout, est la bienve-
nue. On fera un accueil cordial à tous ; mais la
plus grande difficulté consiste à continuer sa route,
car tout le monde veut vous retenir. Bref, je suis
convaincue, que tous ceux, qui ne se trouveront
pas bien en Corse, n'auront à s'en prendre qu'à
eux-mêmes.

L'amitié de M. le Préfet de la Corse et de sa
famille suffirait à elle seule pour rendre le séjour
d'Ajaccio agréable au plus haut point. Tous ceux
qui ont eu le privilège d'en jouir confirmeront de
grand cœur mes paroles Le Maire de la ville
aussi, a déjà réalisé des améliorations considérables. Les plantations d'arbres et autres travaux
sont en progrès, et il cherche, de toutes les façons,
à faciliter cette colonisation que tout le monde
désire si ardemment.. La ville d'Ajaccio a très-
intelligemment et très-généreusement fait cadeau

d'un terrain pour édifier une église Anglicane :
de sorte que tout ce que *nous* avons à faire maintenant, c'est de recueillir l'argent pour la cons·
truire. On va décidément bâtir un nouvel hôtel
sur le cours Grandval d'où l'on aura une vue magnifique du golfe et de la ville. Les vieux hôtels sont
condamnés à subir une purification et un renou-
vellement complets, car le système actuel de
n'avoir qu'un ou deux étages rend toute propreté
impossible, tandis que des hordes d'enfants sâles
qu'on rencontre à tout moment sur les escaliers,
habitent les étages supérieurs. L'hôtel du Nord
où j'ai été conduite en débarquant, était si horriblement malpropre que mon premier mouvement
fut de retourner à Nice. Cependant l'hôtel de Londres où une famille Anglaise venait de passer
l'hiver de 1867, est venu me sauver avec de la
propreté et de la politesse. Le propriétaire de cet
hôtel M. Ottavi, espère se procurer une maison
plus grande ayant façade sur la place du Diamant,
et je suis sûre que son excellente femme, dont
l'énergie est infatigable, aura soin de la rendre
tout aussi propre que les étrangers pourront le
désirer. L'hôtel de France a fait beaucoup de progrès depuis que le docteur Ribton, a écrit son
livre. L'ancien propriétaire est mort, et son fils
est très désireux d'adopter toutes les améliorations

continentales pour lesquelles, il faut l'admettre, il y a bien de la place à Ajaccio, et qu'on a, en effet, déjà commencées à cet hôtel. On prépare beaucoup de logements pour l'hiver qui commence.

Pour ce qui va suivre je suis redevable à un ami qui connaît la question à fond, et qui est d'avis que le climat d'Ajaccio ressemble plutôt à celui de Menton qu'à celui de toutes les autres stations de la Riviera, vu qu'il jouit d'une température généralement plus élevée et que l'air y circule plus librement.

Pendant l'hiver dernier, qui du mois d'octobre 1867 jusqu'au mois de mai 1868, fut exceptionnellement rigoureux dans le midi de l'Europe, la température d'Ajaccio fut ordinairement de deux degrès Fahrenheit plus élevée que celle de Menton et bien plus égale. Les changements soudains de température qu'on éprouve à Nice, à Cannes, à Menton etc. se rencontrent rarement à Ajaccio. Et pendant le mois de novembre 1867 la température a généralement varié de 55° à 66° Fahrenheit. Dans les mois de décembre, janvier et février 1868, elle a été généralement de 52° à 60°. Pendant quelques rares journées elle s'est élevée à 64° et très rarement elle est tombée à 46° ; mais cela n'a eu lieu qu'en janvier. Pendant tout le mois de mars elle est restée avec une égalité exceptionnelle entre 54° et

64°. En avril elle a été de 60° à 70°. On a pris ces chiffres d'un thermomètre placé à une fenêtre située au nord-ouest. Il est tombé très peu de pluie pendant l'hiver, et la neige restée sur les montagnes a eu peu d'influence sur le climat d'Ajaccio. Outre ces avantages provenant d'un climat exceptionnellement égal, il ne faut pas oublier que la Corse est une des rares stations médicales où les malades peuvent rester avec profit pendant l'été, car à peu d'heures d'Ajaccio il existe plusieurs villages dans les montagnes où l'on peut respirer un air tout aussi bon que celui des montagnes de la Suisse, sans en éprouver les fatigues du voyage.

En matière de climat ma propre expérience est assez grande et je n'en connais aucun dont le charme égale celui d'Ajaccio, en janvier et en février, selon moi, les deux mois les plus parfaits de l'année. Mars, quoiqu'il ne fût pas froid, fut moins gai. Avril avait plus de soleil, mais très agréable. Et même maintenant, en juin il faut ajouter que jamais jusqu'ici je n'ai vu ni guêpe, ni *zinzali*, ni moucherons. (1)

---

(1) Il est bon d'ajouter ici, un petit conseil pour les malades : — C'est de ne pas quitter Ajaccio *trop tôt* — pas avant le mois de mai — même le milieu ; — qu'ils se rappellent que le beau soleil de la Corse y reste, et que probablement ils trouveront un grand froid sur le Continent — 1869.

Il n'est pas du tout improbable qu'on pourra
se procurer des eaux acidules ferrugineuses non
en bouteilles, mais d'une source qu'on vient de
découvrir près d'Ajaccio sur la route des Iles Sanguinaires, et dont le composé chimique, d'après
l'analyse, est semblable à celui des eaux d'Orezza.

Sur le bord de presque toutes les routes qui traversent l'île, il se trouve un grand nombre de fontaines de l'eau la plus pure, bonne pour les hommes et pour les bestiaux. Elles sont généralement
munies de belles coupes en pierre, dont quelques unes taillées dans le rocher même, et deux ou
trois gracieusement ornées de fleurs et de fougères.
Plusieurs autres sont en voie de construction.

En l'an 1840 l'île n'avait qu'une seule route
royale, aucune route départementale, ni une seule
diligence. A présent il y a neuf routes impériales,
douze routes forestières, cinq routes départemen-
tales, etc.

En 1840, il y avait 273 écoles avec 9000 écoliers,
en 1865, 471 écoles et 18,000 écoliers, dont la
moitié élevés gratuitement. En 1840 il n'y avait
que deux écoles de filles, il y en a maintenant 75.

De 1861 à 1867 les revenus des forêts domaniales ont beaucoup plus que triplé. Ceux des
forêts communales plus que quadruplé.

De 1789 à 1859, les travaux publics en Corse,

ont couté 28,278,580 francs. Et à présent les nouvelles jetées qu'on construit à Ajaccio et à Bastia exigent des sommes énormes avant d'être achevées. L'excellence du mouillage et la sureté du magnifique golfe d'Ajaccio en font le port favori des yachts ; beaucoup y entrent pendant la saison d'hiver. Encore, les paquebots qui vont de la côte d'Afrique ou de Constantinople à Marseille, s'y refugient souvent contre le mauvais temps. Les orages se font rarement sentir de ce côté du golfe. Une fois seulement, pendant mon séjour, les vagues sont venues se briser contre le marché aux poissons, et ce spectacle était si peu habituel, que presque toute la population s'est rassemblée pour le contempler avec étonnement.

Il y a une très-belle forêt — celle de Bavella — que je n'ai pas encore vue. Quoiqu'elle fût la première que j'avais l'intention de visiter ; la neige m'en a empêché. J'attends donc avec impatience, la publication du voyage en Corse de M. Lear, qui a visité non seulement Bavella, mais encore toutes les autres parties les plus intéressantes de l'île ; il nous a promis un choix d'au moins cinquante vues. Toute personne qui connait l'excellence des autres ouvrages de M. Lear, déjà nombreux, pourra apprécier comme ils le méritent, les dessins fait dans ce nouveau pays.

Puis, naturellement, elle désirera voir la réalité de
ce qui parait si beau sur le papier.

Cependant à l'intention des voyageurs qui
pourront désirer aller à Bavella on mettra les
distances à la fin du volume comme me les a données un ami Corse, à qui, comme à bien d'autres
personnes, je suis redevable, en grande partie, des
renseignements contenus dans ces pages. J'espère
qu'on ne les trouvera pas tout-à-fait inutiles, et
qu'on dira d'une voix unanime : PARTONS POUR
LE MIDI ! ALLONS EN CORSE !

NAPOLÉON Ier

Il n'est personne qui venant à Ajaccio ne soit
curieuse de voir la maison où est né Napoléon,
et ne tienne également à connaître ce qui autrefois appartenait à son père ou à la famille de sa
mère, la belle Letizia Ramolino, la " *Madame
Mère* " si estimée dans ses derniers jours à Rome.

Un des plus beaux points de vue des environs
de cette ville, si magnifiquement située, est à
l'extrémité supérieure du cours Grandval. On s'y
rend en quelques minutes. Là s'élève, à gauche,
le Casone qu'on laisse tomber en ruines aujour-

d'hui, mais qui était autrefois une des villas favorite des Bonapartes et dans les jardins de laquelle se trouvaient les magnifiques blocs de granit connus sous le nom de *grotte de Napoléon,* où enfant, il avait coutume de s'asseoir et d'apprendre ses leçons, lorsqu'il ne réunissait pas ses jeunes camarades pour jouer au soldat. A l'âge de trois ans, il savait son alphabet, mais son amour pour les tambours, les fusils, les sabres et les canons, l'emporta toujours sur l'amour de l'étude. Enfant gâté de la garnison, les éperons, les épaulettes et les chapeaux à plume, étaient son rêve. Mais *pourquoi* il n'avait pas de *moustaches,* c'est ce qu'il ne pouvait comprendre et qui faisait son grand désespoir d'enfant.

Les dispositions adoptées pour le cours Grandval, aboutissant à la place dite du Casone et pour la place d'Olmo ou du Diamant, ont été dictées par Napoléon Ier ; elles se trouvent déposées dans les archives de la préfecture. Elles comportaient sur la place du Diamant et à l'emplacement occupé actuellement par le groupe de Napoléon et de ses quatre frères, une belle colonne, et au milieu une fontaine monumentale.

En remontant le cours Grandval, à mi-chemin et à gauche, on voit aussi, les restes d'un petit *belvedere* sur un terrain communal, appartenant

En 1777, un peu plus tôt, un peu plus tard, un enfant sortait chaque matin de la ville d'Ajaccio : il se glissait tout près du golfe, jusque sur un plateau couronné de cactiers, d'amandiers et d'oliviers ; il pénétrait mystérieusement dans une grotte immense, formée par trois grandes masses de granit, et dont le fond était couvert de mousse et de lierre ; cet enfant qui se recueillait ainsi à l'ombre et dans le silence se nommait Napoléon Bonaparte.

L'enfance de Napoléon n'a pas d'histoire, mais elle a un caractère : à dix ans il ne joue plus, il s'occupe ; il ne se promène plus, il rêve en marchant, quand il feuillette un livre, il ne lit pas il étudie. A dix ans, il est pressé de vivre, et au *lieu de sentir il pense?* Quand on lui demande, avec une sorte d'admiration pour son intelligence précoce, par quel moyen il a compris ce qui est incompréhensible à son âge, il répond avec une singulière profondeur — En y pensant toujours ! Dans Napoléon enfant, l'esprit, le cœur et le corps appartiennent déjà à un homme, il adore l'étude, il ne craint pas la fatigue, et il brave le danger.

A l'âge dont je parle, Napoléon n'était véritablement petit que pour s'agenouiller aux pieds de sa mère ; il n'était véritablement un enfant que pour l'aimer et lui obéir ; il n'était faible et crédule que pour plaire à sa nourrice, quoi qu'elle fut bien laide, la pauvre femme ?

autrefois aux Jésuites et acheté par le Cardinal Fesch, oncle de Napoléon Ier. C'est ici que Madame Letizia, mère de ce héros, se rendait pour jouir de la vue magnifique de la ville, des montagnes et du golfe. Il ne reste plus, aujourd'hui, que les débris de la plate-forme ou terrasse, reposant sur une arche massive en briques et pierres, en assez bon état, et bâtie sur un rocher. Les marches, qui donnent accès à cette terrasse, se trouvent dans l'épaisseur des murs. Il faut espérer que la ville d'Ajaccio tiendra à conserver les quelques reliques qui rappellent les jours d'enfance du Grand Homme, dont le nom seul fait honneur à Ajaccio et à la Corse.

Bien près de la maison dite le Casone, il y a une source d'eau excellente. Elle est recueillie dans un réservoir et abritée par une voûte.

A son retour d'Egypte, Napoléon vint visiter sa ville natale ; son arrivée fut fétée en prince et y fut saluée de cent coups de canon. Pendant son séjour, qui dura huit jours, voulant s'assurer si l'escadre Anglaise arrivait, et après avoir bu trois verres d'eau à la fontaine du Casone, il se mit en route pour grimper au sommet de la petite montagne qui domine cette propriété. Ne voyant pas la flotte, il fut de retour avant que sa suite essoufflée eût accompli la moitié de l'ascension,

Madame Letizia était à Ajaccio avec le Cardinal Fesch, lorsque son fils revint d'Egypte. Dans le temps qu'il pensait abandonner sa carrière militaire, Napoléon commença à écrire ses mémoires que l'on croit être tombés entre les mains de Louis XVIII.

Un peu plus loin de la place dite du Casone, se trouve la *grotte* dite *de Napoléon*, formée de trois grands rochers. Elle n'est plus, malheureusement, aussi bien soignée que dans les anciens temps. Le pourtour de l'intérieur était garni d'un banc en maçonnerie recouvert de briques luisantes ; au milieu une espèce de fauteuil. Alors que Napoléon était à Ste Hélène, ses vieux compagnons d'armes et les admirateurs de sa gloire, se rendaient pieusement à la grotte et emportaient des morceaux de ces briques qu'ils conservaient religieusement comme leurs trésors les plus précieux. Il serait encore très-facile d'entourer ces magnifiques blocs de granit, d'un joli jardin, les rendant dignes du nom qu'ils portent. Espérons que la ville s'en occupera sans délai.

Dans une émeute qui éclata à Ajaccio, alors que Napoléon n'avait que sept ans, madame Letizia effrayée de son absence, le fit chercher partout. On le trouva enfin, en haut du clocher de la cathédrale d'où il contemplait tout le mouvement de la ville. Son esprit déjà inquiet lui valut, au sein de sa famille, le sobriquet de " *Ribulioni* ".

Ce fut Napoléon qui remplaça pour les armes de la France, cet oiseau de basse-cour, le coq, par l'oiseau impérial, l'Aigle, et qui adopta l'abeille, symbole de l'industrie, pour les ornements des habits et des manteaux de cour.

Ces renseignements m'ont été donnés, parmi beaucoup d'autres, par un petit-fils d'un officier de la garde nationale Corse, du temps de Napoléon Ier.

Le jardin Milelli était une autre petite propriété de la famille Bonaparte. Il est situé au-dessous de Castelluccio, avec une humble maison carrée, debout dans un bois épais d'oliviers que distingue des bosquets d'alentour, un très-grand et vénérable chêne-vert à l'ombre du quel Napoléon restait souvent des heures entières plongé dans l'étude et dans ses réflexions. Ce jardin était, en effet, sa retraite favorite chaque fois qu'il rentrait dans son pays natal.

Milelli est aussi intéressant comme étant la maison où sa mère se réfugia avec quelques uns de ses enfants, lorsqu'elle s'échappa des mains de la populace d'Ajaccio qui menaçait de détruire la famille et la propriété des Bonaparte.

La colère populaire et le désordre allant crois-

sant, ce fut de Milelli que cette mère poursuivie
prit la fuite, d'abord vers la chapelle de St Antoine, espérant atteindre Sagone à travers les montagnes, et de là s'embarquer pour Calvi. Ce pro-
jet s'étant trouvé impraticable, les fugitifs se
dirigèrent pendant la nuit, sans même une étoile
pour les guider, sur les hauteurs d'Aspreto, à
l'extrémité et au fond du golfe d'Ajaccio. En cet
endroit, la fatigue les força de s'arrêter et de
prendre quelque repos ; mais les horloges de
la ville ayant sonné minuit, ce fut pour eux un
avertissement d'avoir à gagner la tour de Capitello
à travers le Campo-di-Loro, avant que la lumière
du matin ne les eut signalés à leurs ennemis.
(A Capitello, la tour est encore debout ; elle est
située près de l'embouchure du Prunelli.) Ils
étaient sur le rivage, faisant signe à un petit
navire d'envoyer un canot à leur secours, lorsque
à leur grande surprise et à leur non moins grande
joie, Napoléon lui-même, débarqua à leur rencontre et les tira de cette position périlleuse.
S'étant embarqués à bord du Sloop ils firent
voile, à la nuit, pour Calvi.

Une autre des propriétés des Ramolino, Belvedere, est située de la manière la plus charmante,
beaucoup au-dessus du port.

Dans la partie réservée à l'orangerie, on y

voit encore, au dire de Malte-Brun, — quoique la personne qui écrit ces lignes, les ait vainement cherchés, — les citronniers plantés par Napoléon, et dont, selon une tradition pleine de poésie, les fruits porteraient chacun un signe distinctif rappelant le grand homme dont la main enfantine les avait mis en terre. Les uns sont couverts d'étoiles, les autres décorés de l'aigle impérial, d'autres enfin, plus favorisés, portent sur leur peau dorée les traits bien connus du Héros.

On l'aperçoit lorsqu'on suit la très-belle promenade conduisant à la fontaine de *"Salario,"* dont l'eau est tellement estimée à Ajaccio qu'on la vend dans les rues.

Une nouvelle voie qui du Casone et de la grotte Napoléon tournera la hauteur par Salario et rejoindra la route actuelle menant à la chapelle St Antoine et à Castelluccio, ne tardera pas être percée. On se propose de la terminer avant la venue de l'Empereur et de l'Impératrice des Français. Les points de vue dont on jouit de cette promenade, sont infiniment plus beaux que les environs de toute ville du continent.

LA CHAPELLE DE St ANTOINE

à 10 kilomètres d'Ajaccio

La chapelle de St-Antoine mérite une visite, non pas qu'elle offre quelque beauté comme architecture religieuse ou comme décoration intérieure, mais parce qu'elle est située très-près d'un des repaires favoris des bandits corses d'autrefois. La première route à gauche, en quittant Ajaccio par le cours Napoléon, conduit par la petite vallée de St Antoine au pénitencier de Castelluccio d'où la vue est magnifique. Cette route est excellente et vous offre une promenade agréable. Lorsqu'elle a atteint les casernes attenantes à la prison de l'établissement de St Antoine, au lieu de descendre la colline, de traverser l'étroit cours d'eau et de là monter au pénitencier de Castelluccio, il faut, au contraire, suivre celle qui se prolonge jusqu'à l'extrémité de la vallée. Quoiqu'elle devienne trop étroite pour les charrettes elle n'en reste pas moins praticable pour les poneys et les voitures de Jean, aujourd'hui Dioniso, qu'il faut quitter, cependant, au pied du col. Vingt minutes de marche vous conduisent sur le plateau où s'élève la chapelle. De cette hauteur on découvre un panorama splendide. D'un côté le val de Capo-di-Fieno qui s'étend jusqu'à la mer, de l'autre la plaine de Campo-di-Loro, le golfe d'Ajaccio et la chaîne des montagnes qui le dominent; et, sur le premier plan du tableau, quelques vases et terrines, genre Teniers, (1) appartenant aux familles des bergers, dont les moutons et les chèvres broutent parmi les *macchie* d'alentour. Le lait est porté tous les jours à la ville, dans des pots d'étain, et sur la tête de femmes qui, habituellement, tricotent on filent en marchant — Il en est de même du *Broccio*. Celui-ci se fait en mélant, dans une terrine ou *caldaretta*, du lait nouvellement trait et du petit lait, qu'on remue ensuite, avec soin, lorsqu'il est sur le feu; on enlève l'écume au fur et à mesure qu'elle se produit et on en sort le *broccio*, lorsqu'il est devenu solide, pour le placer dans une forme ou petite corbeille de jonc où on le laisse égoutter et devenir tout-à-fait froid. Le meilleur est composé de lait de chèvre, quoiqu'on emploie aussi le lait de brebis et quelquefois un mélange des deux. Mais un connaisseur s'apercevra, sans peine, si le *broccio* qu'on lui présente, est fait de pur lait de chèvre. Quelque facile qu'il paraisse à faire, il ne réussit pas lorsque les chèvres sont privées des herbes et des arbustes

(1) Peintre hollandais.

aromatiques qu'elles aiment à brouter. " *Mada-me Mère* " avait fait transporter de Corse, à sa maison de campagne près de Paris, des chèvres du pays afin de ne rien changer à son ordinaire; mais le *broccio* manqua toujours. On en exporte en grande quantité par chaque paquebot envelop- pé de jonc ou de fougère dans d'immensse pa- niers contenant chacun trente à quarante des formes ci-dessus mentionnées.

Le produit annuel d'un mouton, laine, lait et *broccio* est évalué à 6 francs. A quoi il faut ajou- ter 2 francs 10 sous pour l'agneau qu'on vend à six mois.

Le mouton Corse est très petit, délicat de for- mes, ordinairement noir comme le jais, avec de longs poils au lieu de laine. Certaines personnes ont proposé d'introduire le Mérinos ; mais est-il sûr qu'il réussît? On ferait mieux d'essayer le robuste mouton des montagnes d'Ecosse, à tête noire, qui selon toute apparence aurait autant de goût à brouter les arbrisseaux odorants de cette contrée, que sa bruyère natale.

Les chèvres sont si destructives qu'on n'a pas de plus grand désir que de les bannir de l'île. Je m'informais de ce qu'elles pouvaient rapporter annuellement. On me répondit : six *centimes*, et un millier de francs ne suffirait pas à couvrir leur dégats.

Quant aux prodigieuses masses de rochers, à l'énorme dimension des blocs isolés, aux formes fantastiques que l'eau leur a imprimées en les usant et au puissant chaos de l'ensemble, ce sont des choses qu'il faut voir ; mais qu'on ne peut ni raconter, ni décrire. Les cavernes, ou ce qu'on appelle ainsi, sont simplement de profondes cavités percées dans des blocs isolés, où se cachaient autrefois les bandits poursuivis. Elles servent aujourd'hui de demeure aux bergers : une seule pierre contient quatre lits, une cheminée et forme des piliers, une toiture, des pignons, à l'aide de quelques rochers plus petits entassés près de la porte !

On peut prolonger sa promenade, avec un enfant pour guide, en suivant une montée très-raide bordée de cavernes et de rocs plus nombreux et plus gigantesques, à chacun desquels est attachée quelque légende et d'où le bandit (il y a quelques 70 ans) fusillait les soldats qui essayaient de le prendre. Le banditisme, cependant, ayant aujourd'hui disparu, ces histoires ne tarderont pas à se perdre.

Le sentier atteint alors un autre col dont le sommet est plus rapproché de l'escarpement de rochers qu'on aperçoit de l'extrémité du golfe. Le rocher le plus élevé et le plus énorme est connu sous le nom de rocher de St Antoine.

Ceux qui aiment la nature dans ses aspects les plus sauvages, ne se plaindront pas de cette ascension, même accomplie sous l'ardeur d'un soleil de Corse.

Une descente très rapide au milieu de cavités, extrêmement curieuses, ouvertes dans des blocs de granit, mène à la voiture qui vous attend pour le retour (car une voiture est de toute nécessité pour les dames). Mais pour le " *British Gentleman* " oisif, ce n'est qu'une promenade agréable qui l'aidera à tuer une partie d'un jour d'ennui.

BARBICAJA

6 kilomètres d'Ajaccio.

A pied ou en voiture, la promenade qui longe la mer jusqu'au jardin d'orangers de Barbicaja, un des plus anciens de cette partie de l'île, est délicieuse. Les fruits réputés les meilleurs du pays sont souvent envoyés à Paris. Les petites oranges dites *mandarines* ont le goût plus fin et la peau plus délicate que partout ailleurs. Les *sanguines*, ou oranges rouges, sont exquises. Les belles ondulations du terrain se prêteraient admirablement à l'érection d'une Villa. Un riche gentilhomme anglais offrit 4000 livres sterling de cette propriété : cette offre fut déclinée par les propriétaires.

Son étendue est de 35 hectares, dont 17 seulement sont cultivés, 5 hectares sont plantés d'oli viers, 4 consacrés aux céréales servent, pour ainsi dire, de pépinière aux plantes nouvellement greffées ; 4 sont affectés aux amandiers et autres arbres à fruit, 2 à la vigne et 2 également aux orangers et aux citronniers. La moyenne annuelle des oranges vendues est de 90,000, ce qui a 10 centimes pièce, donne 9,000 francs ou 360 livres sterling.

Les orangers à l'ombre desquels rien ne croit, sinon une grande quantité de mauvaises herbes, ont besoin d'être arrosés de juin à septembre. Deux arrosages par semaine suffiraient, si l'on pouvait disposer de l'eau d'une rivière ; mais comme on n'a que de l'eau de citerne, on ne le fait qu'une seule fois.

Il est très-rare que le fruit de l'oranger, qui porte tous les ans, vienne à manquer. Si grande est, ce que les Français appellent " *l'énergie de la végétation,* " que les branches de cédratiers ou de citronnier, coupées en août et plantées immédiatement, donneront, après trois ans, une récolte satisfaisante cela, grâce aux rosées abondantes qui entretiennent la terre dans l'état d'humidité

voulue et qui empêchent de s'apercevoir autant de
la rareté des pluies — quoiqu'il tombe par an de
vingt-deux à vingt-trois pouces d'eau, c'est-à-
dire, deux pouces de plus qu'à Paris.

Les splendides hauteurs rocheuses qui couron-
nent le jardin sont couvertes de figuiers d'Inde ou
cactus opuntia dont les fruits rapportent encore
annuellement, un millier de francs. Les sauvageons d'oliviers dont la plus grande partie est
greffée, abondent également. On devrait planter
un plus grand nombre de palmiers ; ces arbres
une fois en terre ne demandent aucun soin et rapportent assez pour que cette culture ne soit pas
abandonnée. La route carrossable se prolonge de
quatre kilomètres au delà de Barbicaja, le long
d'une plage rocheuse découpée en petites baies, et
s'étendra prochainement jusqu'aux îles Sanguinaires. Plus tard, elle tournera, sans doute, le promontoire et rejoindra la chapelle de St Antoine.
Les îles Sanguinaires sont trop connues pour qu'il
soit besoin d'en parler ; mais le *butticino de
St Pierre,* rocher conique, assez avancé dans le
golfe pour être dangereux, mérite une mention
particulière, parce que de là, les mariniers gou-
vernent droit sur le port.

D'AJACCIO A ALATA
10 kilomètres.

Un bon marcheur trouvera la route d'Alata très-agréable, quoiqu'elle aille toujours en montant, sans toutefois que la raideur de la pente, la rende inaccessible aux voitures. C'est la seconde route en quittant la ville par le cours Napoléon. Elle passe au pied de la colline où se voient encore les ruines d'un vieux château dit *Castel-Vecchio*, et où était situé, autrefois, Ajaccio.

On y a trouvé dernièrement, dit-on, des tombeaux et des ossements, des pièces de monnaie et des vases de terre cuite.

Le chemin longe la très-charmante petite vallée des Cannes, abondamment plantée de magnifiques orangers, de citronniers, de vignes, d'amandiers, d'oliviers et de pêchers, baignée par un torrent clair et peu profond, qui fait tourner quelques moulins, avant de devenir une des cuves à lessive de la ville.

En Angleterre, les vergers sont très-beaux à l'époque où les pommiers sont en fleurs ; mais d'une beauté uniforme ; tandis qu'à Ajaccio les fleurs délicates et pâles des amandiers sans feuilles, alternent avec les bouquets brillants des fleurs rouges des pêchers. Quand le feuillage des amandiers est dans toute sa fraîcheur, son vert éclatant fait avec le vert sombre des orangers aux fruits d'or, le plus charmant contraste, particulièrement de janvier à mars.

Une belle villa, sur la gauche, dans le jardin des prêtres, appartient au séminaire, et sert en même temps de but de promenade aux jeunes gens qui se destinent à la carrière ecclésiastique. Au dessus de cette villa, sur le flanc de la montagne, on aperçoit la chapelle mortuaire de la famille Pozzo-di-Borgo, à laquelle appartient tout le district.

Le Comte Pozzo-di-Borgo n'épargne ni peines, ni dépenses pour améliorer ses terres ; déjà des champs de luzerne et de sainfoin prouvent la fertilité du sol dans les vallées de Pruno et de Campo-d'Unico où l'on peut compter huit cents châtaigniers bordant l'étroit cours d'eau et plus de cinq mille cinq cents oliviers au feuillage cendré et dont les troncs élancés, dominent la foule drue et vigoureuse des arbrisseaux sauvages.

Pendant les deux premières années, l'olivier doit être arrosé deux ou trois fois. Des femmes sont employées à cet ouvrage et sont payées à raison de cinq centimes par « *baroletta* » ou 25 litres. L'olivier est un produit indigène. Les oiseaux emportent souvent à des distances considérables, des olives dont les noyaux, en tombant, prennent racine et donnent naissance à des plants sauvages, appelés *sauvageons*. En 1820, le nombre de ces sauvageons, que le gouvernement eut occasion de faire recenser, s'élevait à plus de 12 millions !

A l'exposition tenue à Ajaccio en mai 1865, on comptait deux cent cinquante spécimens d'huile faite en Corse. Cette seule branche d'industrie a, dans l'année 1852, rapporté quatre millions de francs. Si tous les sauvageons étaient greffés, la prospérité de l'île serait assurée.

Peut-être trouvera-t-on quelque intérêt aux chiffres suivants qui montrent, par le taux des fermages, l'intérêt que rapporte l'argent consacré à la terre. L'excellent, mais inculte terrain de Porraja qui, en Angleterre, serait tapissé de bruyère et d'ajonc, mais qui, en Corse, abonde en myrthes, lentistiques, cistes, lauriers-tins et autres arbustes, est loué 220 francs les 22 *mezzinate*. Un autre lot planté de jeunes oliviers, quoique ne mesurant que 4 *mezzinate* atteint 150 francs. Un troisième lot drainé et en plein rapport, de 26 *mezzinate*, est affermé 1100 francs. 2 *mezzinate* font environ un hectare et un hectare mesure 2°,471 acres d'Angleterre.

Cette longue digression, que nous fîmes en mon-

tant, nous fit un peu oublier l'ennui de la rampe.
Il nous faut maintenant quitter l'ancienne route
qui conduit à Pruno, s'étendant autrefois par le
col de Carbinica jusqu'à Vico, pour prendre à
droite. Quand on a passé la villa Pozzo-di-Borgo,
une montée raide et tortueuse nous mène à Alata,
dont les maisons qui paraissent inachevées sont
surtout remarquables par leur seuil ou escalier de
pierre, placé extérieurement.

La nouvelle Alata est bâtie à l'abri de la colline
et moins exposée que l'ancien village au dessus,
aujourd'hui presque en ruine ; mais de l'une
comme de l'autre position la vue du golfe, des
montagnes superposées, de la ville d'Ajaccio et du
mélange de rochers et de terres à demi cultivées
qui forment le premier plan, est singulièrement
belle. On aperçoit également la vallée de la Gravona et la plaine de Campo-di-Loro avec une partie
des routes de Bastia, Sartene et Vico. Les deux
Alata feraient un charmant croquis. Une précaution utile serait de mettre pied à terre et d'envoyer
la voiture vide au village, de manière à détourner,
sur elle, la curiosité tant soit peu indiscrète de la
population juvénile.

De 1836 à 1861 la population de la Corse a
augmenté de 45,000 habitants. A en juger par
Alata, elle aura doublé d'ici à quelques années.

Les enfants témoignent pour les Anglais autant d'admiration que de bienveillance et l'on peut, avec un sou ou un demi-crayon, acheter son entrée « *al paradiso* »

D'AJACCIO A BASTELICA

40 kilomètres.

On peut passer une journée très-agréablement en allant au village de Bastelica, l'un des plus considérables de la Corse. La route, la même qui mène à Sartène, du moins, pendant une longueur de vingt kilomètres jusqu'à Cauro, traverse la plaine de Campo-di-Loro, la rivière de la Gravona et le joli torrent du Prunelli, sur le cours duquel est jeté un pont en tôle et dont les eaux invitent à la pêche à la ligne. A droite, on voit le chemin conduisant au pénitencier de Chiavari et un autre qui mène à Pila-et-Canale, village situé dans la partie supérieure de la vallée du Taravo. La route commence alors à monter et le panorama qui s'offre à vos yeux est des plus charmant, vu à travers la lumière du matin. On a au-dessous de soi, les pittoresques villages d'Eccica et de Suarella, lorsqu'on entre dans le village épars de Cauro qui domine Ajaccio et le golfe et qui possède une très-petite auberge où l'on trouve peu à manger, mais du bon vin.

Cette retraite est la *villégiature* favorite des habitants d'Ajaccio pendant l'été. Il y a peu d'ombre, mais des vues ravissantes et un air délicieux.

On quitte alors la route impériale de Bonifacio pour suivre une des routes forestières servant au transport des bois de haute futaie. De chaque côté s'étendent de magnifiques *macchie* de myrthes et d'arbousiers ayant atteint leur pleine croissance, pendant que le ciste occupe chaque pouce de terre qu'il peut leur enlever. Tous les arbrisseaux ou pour parler plus exactement, tous les arbres ayant atteint une certaine dimension sur un espace de plusieurs acres, tombaient sous la hache lors de mon passage et étaient convertis en charbon dont la douce fumée bleuâtre, en s'échappant à travers le feuillage, en faisait ressortir, plus vive encore, l'éclatante verdure. O! cuisiniers d'Angleterre! pensez à du charbon fait de myrthe, d'arbousier et de lauriers-tins, et ne le gaspillez pas.

Le dixième d'un hectare de *macchie* de dix-huit ans suffit pour faire une tonne de charbon. Ce charbon de macchie est ordinairement employé pour les besoins domestiques. Les hauts-fourneaux

exigent un charbon moins léger, fait d'arbres plus
forts, principalement de chêne-vert dont la Sardaigne fournit la plus grande partie.

Des rochers escarpés se terminant en aiguilles
de différentes formes, dominent la route de leur
faite élevé et enclavent la vallée, pendant qu'au-
dessous, dans un ravin profond, écume le torrent
du Prunelli. D'énormes masses granitiques s'élèvent isolées parmi les *macchie* et ressemblent à
des ruines de quelque château féodal. La seule
habitation qu'on rencontre dans ces parages, est
une maison solitaire de cantonniers à Zippitoli où
vous traversez un très-joli torrent qui ne tarit
jamais. Cette vallée est assez resserrée pour faire
croire qu'il y fait chaud pendant l'été.

Bastelica, entouré de vieux chataîgniers magnifiques et de quelques chênes vénérablés, est bâtie,
comme un village italien, sur le flanc de la montagne. Les rues étroites et non pavées représentant pour ainsi dire un cours d'eau ; une auberge
rappelant les auberges d'Italie et de l'Italie du bon
vieux temps, lorsque les Anglais ne l'avaient pas
encore fait laver, lui donnent une physionomie
originale. L'eau ne fait jamais défaut ; car le large
et clair torrent " *la Bastelica,*" qui prend plus
loin le nom de Prunelli, coule au bas du village,
dans un lit profond et encaissé dans le rocher. Un

nouveau pont le traverse. L'ancien pont, assez pittoresquement situé, se trouve à 30 mètres plus bas.

Un léger repas, composé d'une omelette d'œufs frais, de pain, de chataignes rôties et de vin très-passable, me fut servi, dans une sorte de salle à laquelle on arrive par une espèce d'échelle assez raide au haut de laquelle deux poules nous servaient de guide.

Scalda-sole, Pietramala, Morsuccia et Arossa, sont les noms populaires des montagnes qui dominent cette vallée.

Les habitants de la commune sont riches et le village contient plusieurs maisons de bonne apparence. Aucun mouvement, si ce n'est une bande d'enfants assemblés autour de la voiture, semble indiquer que le reste des habitants est dans un sommeil profond. Le maître d'école est d'avis qu'on trouverait dans les environs de jolis motifs d'excursion. L'air y est pur et frais et l'ombre des chatáigniers très-agréable; mais il n'y a pas d'auberge passable. On parle de percer une route allant rejoindre celle qui conduit de Tolla et d'Ocana à Ajaccio et qu'on laisse à sa gauche avant de traverser le Prunelli l'orsqu'on se rend à Cauro. Si cette route est jamais terminée, elle permettra de venir à Bastelica par Cauro et de s'en retourner par Tolla, ce qui ne laissera pas que d'être très-agréable.

D'AJACCIO A CORTE
84 kilomètres.

La diligence qui part d'Ajaccio à onze heures, n'arrive pas à Corte avant dix heures du soir. Si donc, on veut jouir du panorama qu'on découvre de Vivario, il est préférable d'avoir recours aux voitures particulières de Jean auquel a succédé Dioniso son associé, qui peut tenir à Bocognano, un relai de chevaux envoyés à l'avance. De cette manière, on quitterait Ajaccio à six heures du matin pour arriver à Corte à cinq heures du soir.

A droite, et à la hauteur du onzième kilomètre, on aperçoit au lieu dit " *Monteniello,* " le barrage destiné à dériver sur Ajaccio, les eaux de la Gravone. — L'insuffisance des fonds retardera, du moins pour quelque temps, le prompt achèvement des accessoires du canal, terminé aujourd'hui jusqu'au château d'eau des fontaines actuelles à " *Costilargo.* " Il serait à désirer que ce grand et utile ouvrage fût promptement achevé.

Bocognano et ses vieux chataigniers magnifiques ont été souvent décrits. La maison d'où Napoléon 1er échappa à une foule furieuse, en sautant par une fenêtre, est située dans la partie haute du village.

La route ne cesse pas de monter. A droite on a Monte Renoso, haut de 7546 pieds, à gauche le monte d'Oro haut de 8705 et, sur leurs flancs escarpés, la partie du pays habitée par les fameux bandits, les frères Bella Coscia, qui ont échappés à toute poursuite et font paître leurs troupeaux en toute sécurité ; qui sait ! peut-être en regardant passer le voyageur ? Jamais aucun bandit corse, n'a inquiété un étranger.

Après avoir traversé le torrent de la Sellola dont le lit rocheux contient, dit-on, des grenats de la grosseur d'une noisette, on entre dans la belle forêt de Vizzavona plantée de hêtres vraiment magnifiques, d'où l'on ne tarde pas longtemps à atteindre la Foce au col élevé de 5757 pieds, et où la neige, en hiver, obstrue quelque fois le passage.

Cette traversée est gardée par « *les rochers du Corbeau* » et par un fort de très méchante mine, semblable à un vieux château Ecossais, et qu'on aperçoit pendant plusieurs milles, soit en montant, soit en descendant. Le col est un des plus étroits qu'on puisse imaginer. Vous n'êtes pas plutôt monté, qu'il vous faut descendre. On ne trouve aucun lac sur le plateau.

Vous traversez alors une forêt de pin-lariccio, l'arbre particulier à la Corse, qui a dû être immense autrefois, du moins, à en juger par les troncs gigantesques qui gisent sur le sol, et noircis par l'incendie de 1865. Avant qu'ils aient été, les uns brûlés, les autres abattus, ces arbres ont dû être magnifiques, car la scène environnante, quoique n'excitant actuellement qu'un profond désappointement, a un cachet de grandeur extrême. Un nouveau chemin, à gauche, mène à la forêt de Cervello.

La descente sur Vivario est de la plus grande beauté. Les sinuosités bizarres de la route, la ligne accidentée de l'horizon et le village qui repose à vos pieds, forment un tableau comme on n'en rencontre pas souvent. En continuant à descendre on voit sur la côte opposée le chemin qui, à travers les montagnes, conduit aux bains de Puzzichello, à Ghisonaccia et à Aleria, éloigné de Vivario de 40 kilomètres. (A Aleria passe la *route orientale* de Bastia à Bonifacio.) L'auberge de Vivario tenue par un ancien soldat et son excellente femme doit, en vertu d'une promesse, recevoir de grandes améliorations, et le chemin qui y conduit, en tout semblable à un petit cours d'eau, ainsi que l'échelle qui sert d'escalier, deviendront, dit-on, choses du passé. Des quatre très-belles filles de l'aubergiste, deux sont mariées.

Les différents points de vue, en descendant de

Vivario, sont des plus magnifiques. A gauche une ligne de rochers aigus qui fait partie du Monte Cardo et s'élèvent dans les nuages pendant que du côté opposé des masses de granit, affectant les formes les plus bizarres, ressemblent à des châteaux en ruine.

La route traverse le torrent du Vecchio sur un pont d'une seule arche qui s'élève de trente deux mètres au-dessus des basses eaux ; le lit en ce point, formé de roches gigantesques, ainsi que le pont, qui est le plus beau de la Corse, mesure *trente mètres de largeur pendant que le pont de Fium'alto, entre Bastia et Bonifacio, qui n'a également qu'une seule arche, en mesure quarante.*

Une très-longue montée tortueuse et raide vous mène au village de Serraggio où je vis le plus beau moufflon, ou mouton sauvage du pays, qui ait jamais été capturé (1) — Il était-âgé de huit ans, d'une taille beaucoup plus élevée qu'un mouton ordinaire, plus semblable, sous tous les rapports, à un daim, sauf les cornes qui sont d'une grosseur prodigieuse et recourbées en avant. Il n'a pas de laine, mais des poils mêlés de brun, de noir et de blanc, avec une large tâche blanche circulaire des deux côtés ; une sorte de longue

(1) Ce moufflon n'est plus à Serraggio ; on l'a transporté à Bastia,

barbe noire, épaisse et frisée descendant de la gorge jusqu'à la poitrine et les yeux les plus beaux et les plus vifs qu'on puisse imaginer.

Ce magnifique animal, débusqué de ses montagnes par les chiens, trois mois auparavant et complètement épuisé, s'était laissé prendre par des hommes qui travaillaient aux champs dans la vallée. Il semblait aimer beaucoup la femme à qui il appartenait, lui léchait la main et la suivait partout. Aussi, avait-elle refusé de le vendre, même au prix de deux cents francs.

La Corse et la Sardaigne, dit-on, sont les seuls pays où se trouve le moufflon. Mais je crois, qu'il doit figurer sur le catalogue des différentes chaînes que la Crête et les Pyrénées peuvent offrir à l'enthousiasme des chasseurs Anglais.

Le village de San-Pietro-di-Venaco situé sur un des points les plus élevés de la route (774 mètres) offre une perspective des plus vastes. Seize hameaux sont perchés sur les hauteurs dominant la vallée qui conduit à Aleria, d'où l'on aperçoit, grâce à l'abaissement des montagnes, une assez grande étendue d'eau azurée, la mer. La rangée la plus élevée de ces montagnes fait partie de la chaîne au-delà de laquelle jaillissent les sources bien connues d'*acqua-acitosa* d'Orezza. San Pietro a la réputation de faire les meilleurs fromages de la Corse.

La côte, au bas de laquelle se trouve Corte, est d'une extrême beauté et digne d'être vue en plein jour. La citadelle, élevée sur le rocher à pic qui domine la ville, forme avec les cimes escarpées qui se succèdent de distance en distance, comme l'avant-garde du Monte-Rotondo, montagne des Alpes Corses qui ne parait rien moins qu'arrondie, lorsqu'on l'entrevoit du haut de la tranchée entre les rochers où passe la route impériale avant d'entrer dans la ville, à laquelle on arrive après avoir traversé les deux ponts de la Restonica et du Tavignano.

L'hôtel d'Europe me causa une agréable surprise, les chambres étant plus confortables et les lits plus blancs que je ne m'y étais attendue.

Une rue montante, au pavé glissant, mène à la citadelle d'où la vue est naturellement très-étendue. Le rocher sur lequel elle est bâtie est taillé perpendiculairement au Tavignano qui se précipite dans une gorge profonde et rejoint la Restonica au-dessous du pont.

Le pittoresque *burnous* blanc des Arabes, qui sont détenus dans cette citadelle, mêlé aux uniformes bleus et rouges des soldats français, et au *pelone* du paysan Corse, produit le plus heureux effet. (L'Empereur a renvoyé les Arabes dans leur propre pays, en 1869). Corte, malheureusement, est de beaucoup, la ville la plus sale que j'ai encore vue dans l'île.

Le sentier qui borde le ravin de la Restonica est charmant, et la vue qu'on a de la ville, de la citadelle et des ponts, est un ample dédommagement de cette marche sous un soleil de Corse.

La Restonica et ses affluents sortent de plusieurs petits lacs situés au pied et sur les flancs du Monte-Rotondo. Le Tavignano sort du lac de Nino. Les eaux de la Restonica, déjà remarquables par leur transparence particulière, acquièrent en cet endroit, où le rocher qui leur sert de lit se revêt des couleurs les plus brillantes et les plus variées, un charme de plus.

Sur ses bords se trouve, en outre, une très-riche carrière de marbre blanc veiné, d'un gris bleuâtre, d'où ont été tirées les belles colonnes du palais de justice de Bastia, revenant chacun à 1,500 francs.

De Corte, un excellent chemin conduit à Aleria par la vallée du Tavignano (distance 48 kilomètres.) La seule voiture disponible, est, pour le moment, un cabriolet, attelé d'une mule, qui sert de malle poste ; il est question d'établir une diligence. On ne trouve rien à louer dans la ville, pas même un char à banc, et si l'on veut prendre la poste, comme l'indique le Handbook de Murray,

il faut en donner avis quelques jours d'avance à
Bastia. Si peu de personnes voyagent en voiture
de poste, qu'on les distraits de la route pour être
employés à de courtes excursions aux environs des
deux capitales.

Corte est situé presque au centre de l'île et est
représenté comme formant une résidence agréable
pour l'été et l'hiver, ni trop chaude, ni trop froide.
En été surtout, il souffle une brise des plus fraî-
ches et l'on a toujours en abondance de l'eau délicieuse et de l'excellente viande, à un prix raison-
nable. Les habitants de Bastia s'y rendent souvent en villégiature, quand ils ne sont pas aux
eaux.

L'idée de gagner à pied Vico, Guagno ou Evisa
est très séduisante et il se peut qu'on n'ait qu'à se
louer d'y avoir cédé. Mais comme il n'est pas
deux personnes qui soient d'accord sur la distance et que les renseignements obtenus varient de
trois à treize heures, il serait peut-être prudent
d'attendre que la route, menant à Vico par la
forêt de Valdoniello, fut terminée. Les distances
n'ayant été mesurées que là où des routes ont été
ouvertes on est souvent induit en erreur.

On demandait à un homme des plus intelligents
et digne de confiance combien il y avait jusqu'à
tel endroit «Une demi-heure, répondit-il.» Expé-

rience faite, il se trouva qu'il fallait monter, au moins deux heures un quart.

Corte possède, aujourd'hui, un double service de diligences. Outre la malle-poste établie entre Ajaccio et Bastia, qui arrive à 10 heures et part à onze, il existe une voiture publique quittant Corte à six heures du matin et atteignant Bastia à quatre et demie du soir, partant de Bastia à sept heures du matin et arrivant à Corte à quatre et demie du soir. Cette voiture appartient aux frères Gambini, auxquels il faut écrire si l'on désire retenir des places, car elle est presque toujours complète.

DE CORTE A BASTIA.

70 kilomètres.

Une fontaine, des plus abondantes et des plus délicieuses, se trouve à gauche, près de la gendarmerie, en sortant de Corte sur la route impériale de Bastia. La vue que l'on a derrière soi, lorsqu'on s'approche du col de San Quilico, est charmante ; le monte Conia se dresse derrière la ville et semble conduire à la cime du monte Rotondo et à la chaine des Alpes Corses toute cou-

verte de neige et dont les rocs dénudés, aux formes fantastiques, diversifient la beauté. Une des
principales rivières du pays, le Golo, coule avec
violence au fond de cette étroite vallée. On le
traverse à Ponte Francardo. De ce point, une nouvelle route conduira à Evisa et à Vico, par le
district du Niolo et par la forêt de Valdoniello.
A Ponte-alla-Leccia on le traverse de nouveau, un
peu en amont de sa jonction avec l'Asco, qui
reçoit lui-même les eaux de la Tartagine. Grâce à
ce double renforcement, le Golo présente alors
un assez fort volume d'eau.

A gauche la route de Calvi. A droite est une
route communale conduisant à Morosaglia le pays
de Paoli, et où se trouve le célèbre couvent des
Franciscains, autrefois habité par le moine soldat
Clemente, frère de Paoli ; ce chemin mène également aux eaux d'Orezza. On pourra, d'ici à peu,
le faire en voiture ; mais présentement ce n'est
qu'une route ébauchée et accessible seulement
aux chevaux. La route de Bastia continue à suivre les sinuosités du Golo qu'on traverse pour la
dernière fois à Ponte-Nuovo, si célèbre dans l'his--
toire de la Corse.

Un peu plus loin sur la droite, est un pont simple et immédiatement après Ponte-alla-Barchetta,
tous deux, extrêmement jolis. Un chemin vicinal

mène sur l'autre rive du Golo et en montant la côte au milieu de magnifiques bois de chataigniers, conduit à la Porta et à Cervione, ainsi qu'à Ortiporio et au col S. Antoine, de l'autre côté duquel il existe un gisement de marbre statuaire de la plus éblouissante blancheur, aussi pur que le marbre de Carrare et qui n'aurait besoin que d'être travaillé pour prouver toute sa valeur. Oh ! si l'Angleterre pouvait donner à ce pays aussi riche que beau, mais négligé, un peu de son énergie, de son esprit d'entreprise et de ses capitaux!

La diligence s'arrête pour laisser déjeuner les voyageurs à Fontanone. Mais pour les amateurs de botanique, ce besoin impérieux fait perdre un temps précieux. Ils n'auront pas plus tôt marché quelques minutes, qu'ils rencontreront à côté de la route et à l'amont, sur plus d'un mille d'étendue, le coteau couvert de la plus luxuriante fougère, de l'espèce dite *adiantum Capillus Veneris.* Quand ce talus fait place à des rochers ce sont les *Cheilanthes odora,* qui en beaucoup plus grande profusion qu'aux environs d'Ajaccio, s'étalent en larges touffes dans toutes les crevasses, et le charmant *Cyclamen* pourpré qui lève sa gracieuse tête au-dessus de ses feuilles luisantes, lorsqu'elle a réussi à éviter la dent de quelque horrible cochon. (La *Laurentia tenella,* une des raretés de la Corse, se trouve dans cet endroit au mois de juillet.)

Pendant que je cueillais les diverses fougères vint à passer une dame Corse assise, sur une mule blanche comme du lait. C'était la deuxième et dernière Amazone que je voyais se servir d'une selle de femme dans un pays où toutes montent à califourchon, souvent sans autre selle qu'un simple bât. Cette dame était accompagnée par son mari monté sur un très-beau poney. Derrière suivait le domestique assis entre deux colis placés sur une excellente mule.

Les villages, particulièrement sur la rive droite de la rivière, sont tous bâtis sur des rochers aux positions élevées, et entourés dans cette localité de forêts de chataîgniers qui donnent quelque idée du renommé district de Castagniccia.

Lorsqu'on atteint la plaine qui mène à Bastia, la vaste étendue de la méditerranée est interrompue par les Iles de Monte-Christo, d'Elbe et de Capraja ; les maremmes de la Toscane disparaissent dans l'éloignement. La route, en ligne droite sur une longueur de 10 kilomètres, rappelle quelque peu celles qu'on suivait en France avant que le « cheval de fer » eut détrôné les *grelots* joyeux, les lourdes bottes à l'écuyère et les *queues* qui, avec les harnais de corde, donnaient une physionomie particulière aux chevaux de postes français. Végétation et paysans vus sous un soleil splendide, démentent heureusement le Hand book qui représente ce pays comme en proie à la malaria ; pendant qu'à l'hôtel de France on trouve d'excellentes chambres offrant tout le confortable désirable et une admirable cuisine. (On recommande particuliérement les pigeons rôtis et dans le milieu d'avril les fraises des bois qui sont aussi délicieuses qu'abondantes.)

De la place St Nicolas, à Bastia, avant le lever du soleil, on peut trés-bien distinguer la ligne des Apennins, apparemment ceux qui se trouvent entre Gênes et Lucques. A l'exception d'un seul pic qui se voit à gauche de l'île de Capraja, ils se montrent tous entre Capraja et Elba. Un ami m'a raconté qu'il les a vus très-distinctement le 4 août 1869 un peu avant 5 heures du matin et que l'effet en était ravissant. Le soleil en se levant les a fait tous disparaître.

DE BASTIA A LA GROTTE DE BRANDO

8 kilomètres.

Quoiqu'elle soit une ville plus considérable qu'Ajaccio et s'intitule " *capitale de l'Ile* " Bastia est infiniment moins aristocratique dans ses goûts et ses exigences. Impossible de trouver de voiture ailleurs qu'au bureau des diligences, et encore le nombre en est-il limité. La grotte, ou pour parler plus exactement, la galerie de stalactites et de stalagmites de Brando, est peut-être une des plus belles qu'on puisse voir. La grotte de Collepardo, près d'Alatri, dans les Abruzzes (Italie) est infiniment plus étendue et plus grande, ce qui n'empêche pas qu'il faille donner la préférence à celle de Brando pour la délicatesse des couleurs, la transparence et la formation des pétrifications. La galerie pénètre à une profondeur considérable dans la montagne et va toujours en serpentant. A chaque pas on découvre quelque beauté nouvelle. L'œil ébloui ne se lasse pas d'admirer ce merveilleux phénomène qui va des dentelles les plus délicates, à d'énormes rochers qui s'effilent graduellement et se terminent en pointes les plus fines. De nombreuses ouvertures sombres annoncent des galeries nouvelles qui, sans doute, si elles étaient explorées, présenteraient une série de nouvelles merveilles. L'extrême sécheresse intérieure de cette magnifique grotte, n'en est pas moins un sujet de surprise, si l'on songe que tout cela a été formé par l'eau, sans qu'il en soit resté une seule goutte, quoiqu'il existe au pied de la montagne bien avant l'entrée de la grotte, une source des plus abondantes. L'intérieur est entretenu avec soin et très bien éclairé par l'aimable femme du jardinier du propriétaire, à laquelle sont confiées les clés. Les lampes, une fois éteintes, doivent être couvertes avec soin, sinon les rats ne tarderaient pas longtemps à en dévorer l'huile.

Dans l'ancien temps, cette galerie était le rendez-vous favori des bandits. Quelques unes de leurs armes à feu, à l'état de pétrification, sont aujourd'hui conservées par le propriétaire M. Ferdinandi. Dans le magnifique précipice de rochers, en dehors de la principale caverne, ont été creusées un certain nombre de grottes fantastiques ornées de siéges, de tables, de chaises et de chambrales de cheminées, le tout en stalactite. Il y a également, des bancs et des tables faits de blocs de pierre pour les personnes qui, de Bastia viennent si souvent y déjeuner.

La route longeant le bord de la mer est ombragée par de splendides oliviers qui, à pied ou en voiture, en font une promenade délicieuse. Les deux espéces de fougères qu'on trouve en si grande abondance le long du Golo, croissent également près du rapide sentier qui monte jusqu'à la grotte de Brando ; mais le *Scolopendrium hemionitis* et la *Pteris cretica* qu'on devait rencontrer dans les environs de Bastia, ne se trouvent pas facilement.

Le véhicule le plus en usage parmi les paysans est une charette à deux roues recouverte, tant bien que mal, d'une toile fixée sur des cerceaux, trois ou quatre siéges ou planches sur lesquelles s'entassent neuf, douze ou quinze personnes, le tout trainé par deux mules. Le plaisir de se faire voiturer dans cette primitive et très-rustique diligence particulière, selon toute apparence, à Bastia ne coûte que quelques sous. Une autre spécialité de cette ville qu'on voit — et qu'on sent en même temps — est le vent, un vent d'une violence extrême. Quant à décider si c'est le *sirocco* (vent du Sud-Est) le *libeccio* (S-O.) ou le *gregale* (N-E.) ou un mélange des trois, c'est ce qui est impossible à la personne qui écrit ces lignes; le *libeccio*, cependant, y règne le plus souvent. Toujours est-il que les habitants sont tellement accoutumés à ces douces brises, qu'il leur manque quelque chose quand elles ne soufflent pas.

DE BASTIA A LA VALLÉE DE LURI

35 kilomètres

(5 kilomètres de Luri à la tour de Seneca.)

On jouit d'un immense plaisir à se rendre en voiture de Bastia à la belle vallée de Luri. La première partie de la route traverse Brando et Erbalungua où M. Valery possède une Villa et un jardin très agréable, tout en suivant le long du rivage, les ondulations du terrain, elle aboutit à une côte rocheuse où les vagues ont creusé une multitude de baies, qui font l'effet d'une série de terrasses dominant la mer. De nombreuses vallées s'étendent dans l'intérieur des terres, le long de la chaîne de monte Stella qui fait partie des montagnes du Cap Corse, connues sous le nom de *la Serra*.

Dans chaque vallée sont perchés des villages, et à la plage, le port obligé. La vallée de Sisco, avec ses pittoresques hameaux et ses bouquets d'oliviers, n'éveille nullement l'idée de *malaria* dont elle est accusée. L'église, dite de Ste Catherine, complètement isolée, s'élève sur un rocher à pic qui domine la mer et la route, et de laquelle on jouit d'une vue magnifique. Dans cette église, dit-on, existe une crypte de laquelle, s'il faut en croire la tradition, un passage souterain condui- rait à la mer. Ce passage, cependant, n'a jamais pu être exploré, toutes les lumières s'éteignant faute d'air. La route passe devant plusieurs des quatre-vingt cinq tours qui ont été édifiées soit comme vigies, soit comme forts pour se défendre contre l'invasion des Sarrasins. Celle entre Pietra- Corbara et Cagnano, Torre dell'Osse, merveilleuse- ment conservée, offre un très-beau spécimen de leur forme en spirale. Le premier aspect de la vallée de Luri, entourée d'une splendide rangée de montagnes et fermé par le magnifique rocher conique sur lequel se dressent les ruines de la tour de Sénèque, est excessivement beau. A Santa Severa, qui sert de port ou de *marina,* comme on dit en italien, à Lûri, le chemin tourne à gauche et remonte la vallée, pendant que la route princi- pale, la *route de Ceinture,* continue le long de la mer jusqu'à Macinaggio, qui sert de *marine* à Rogliano. Là, finit, pour le moment, la partie du chemin qu'on peut faire en diligence.

La vallée de Luri est la plus considérable du cap Corse. Les habitants sont très-industrieux, comme on peut s'en apercevoir par le soin avec lequel la moyenne partie des terres est cultivée. Aussi, en sont-ils récompensés par une ample récolte de divers fruits. Le sol de cette vallée est des plus favorables à la culture du cédrat, sorte de citron très-volumineux dont on fait des conserves.

La valeur de ces fruits varie avec le temps. En 1852 on les vendait, pris sur l'arbre, soixante centimes le kilogramme, depuis, le prix est tombé à cinq centimes. Le cap Corse seul, fournit plus d'un million de kilogrammes de cédrats. Ils sont exportés dans les villes de Gênes et de Livourne auxquelles revient le plus clair des bénéfices. On prépare le cédrat en le mélant, à poids égal, avec le sucre. Sur une quantité de cédrats pesant 300,000 kilogrammes, le sucre, en saturant le fruit, en augmente le poids et le porte à 1,700,000 kilogrammes. Ainsi préparé ou confit, le fruit se vend un franc cinquante la livre. Si le cap Corse préparait lui-même les cédrats qu'il récolte, au lieu de les expédier à l'état brut, il réaliserait l'énorme bénéfice de 136,000 livres sterling soit 3,400,000 francs. Le journal français, *le Moniteur*, évalue à 1,020,000 kilogrammes, représentant une valeur de 1,260,000 francs, la quantité de cédrats dont la moyenne partie vient de la Corse exportés par les trois manufactures de Livourne, en Angleterre, en Hollande et en Amérique. L'arbre qui donne cette espèce particulière de citron, est le plus délicat de ce genre. Pendant que les orangers et les citronniers poussent en plein vent, on l'abrite avec soin, non seulement au moyen de murs en pierre, mais encore par une toiture rustique de *macchie* qu'on étend au dessus de sa tête. Extrêmement sensible au froid, il a en effet beaucoup à souffrir des grands vents et notamment du *libeccio* auxquel est exposé le cap Corse. Pour cet arbre favori, on n'épargne ni peine, ni dépenses. Comme ses racines demandent à être arrosées chaque semaine, on amène l'eau des sources, au lieu convenable, au moyen de canaux. La récolte, cependant, récompense amplement de ses soins, le cultivateur qui retire d'une *baccinata* de trente ares, de 200 à 300 francs par an.

La charmante vallée de Luri mesure 10 kilomètres du port au sommet du col de S⁺ᵉ Lucie, que domine la tour de Sénèque et que traverse le chemin qui va à Pino. En largeur elle dépasse rarement cinq kilomètres, même à l'extrémité supérieure où elle se divise en deux vallées, arrosées chacune par un torrent différent, dont le lit n'est jamais à sec. Ce sont l'Irecini, qui prend sa source près de la tour de Sénèque, et le Fondale. Ces deux cours d'eau, en se réunissant forment l'Iota qui se perd lui-même plus loin, dans un torrent beaucoup plus considérable appelé la Piobba, lequel fait tourner quelques moulins et arrose la partie basse de la vallée jusqu'à la mer. Quinze villages dont quelques uns perchés, comme toujours, sur des rochers en forme de cône, occupent les positions les plus pittoresques. Piazza, un des principaux, possédera bientôt une auberge qui permettra aux voyageurs de ne plus abuser de l'hospitalité de M. le maire Tomei qui, dans le bienveillant désir de rendre agréable une visite à Luri, se met à votre disposition de la manière la plus cordiale ; sa cave contient le meilleur vin blanc qui se fasse dans la vallée et un des meilleurs de l'île. Le biographe Boswell, il y a une centaine d'années, le proclamait délicieux.

En montant au " col Ste Lucie sous Sénèque " on laisse en bas, le hameau de Piana, et on peut observer les ruines d'une tour romaine qui faisait partie de l'ancienne ville Lurinum. Avant d'arriver au sommet du col, la route passe entre deux hautes murailles taillées dans le roc, magnifique ouvrage entrepris et achevé par M. Piccioni, aujourd'hui maire de Bastia, dont la maison de campagne est à Pino, du côté occidental du cap. De cette hauteur on jouit d'une vue splendide : la mer à vos pieds, l'entrée du golfe de san Fiorenzo, auquel font face les cailloux de Nice, l'extrémité du cap Corse marquée par trois moulins à vent et le chemin qui descend à Pino et rejoint la route appelée à faire le

tour de l'île. D'un autre côté, toute l'étendue de
la charmante vallée de Luri jusqu'à la mer, avec
l'île d'Elle à l'horizon| et au-dessus de vous, sur
un précipice battu par les vents, la tour qu'on suppose avoir servi de prison à Sénèque, prison qui,
dans tous les cas, ouvrant sur de pareils horizons,
ne ressemblait en rien aux prisons d'aujourd'hui,
forment en même temps le plus riant et le plus
imposant des tableaux.

Les fleurs sauvages sont aussi belles que partout
ailleurs et la ravissante *Anémone hortensis*, semée
à profusion, étale des couleurs plus brillantes encore. L'entrée de la petite mine d'antimoine que
l'on aperçoit, ne parait pas attrayante à cause de
son humidité.

Les belles carrières de marbre du Bevinco appartiennent à M. Tomei. Le vert est aussi estimé
que l'ancien vert antique des Romains ; on le trouve en blocs très-considérables. Il en est qui mesurent jusqu'à huit mètres de long, sur cinq mètres
et demi de large, pour une épaisseur de quatre
mètres. Ce marbre vert, a obtenu une médaille de
1re classe à l'exposition universelle de Paris de
1855. On en a fait un grand usage pour les déco-
rations du Louvre et du nouvel opéra. On en voit
une très-belle cheminée au palais de justice de
Bastia. Il y en a également une autre en marbre

veiné dit *Fior-di-persica*. Bevinco n'est qu'à douze kilomètres de Bastia où le marbre se vend au taux de 20 francs le mètre carré. M. Tomei a vu, à Paris, vendre le marbre de ses carrières comme venant de Gênes.

L'huile d'olive de Corse se vend également sur le continent comme venant de Gênes ou de la Provence. Il en est de même du bois, qui se vend à Naples et à Gênes comme venant du Nord et lorsqu'il se trouve en présence du vrai bois de Suède ou de Norwége on ne manque jamais, sans s'en douter, de lui donner la préférence. Ne faut-il pas que le bandeau qui couvrait les yeux de la tête du Maure ait été abaissé de nouveau pour que de semblables faits ne donnent pas à réfléchir aux Corses et ne les tirent pas de leur sommeil ? De cette manière, cette île qui pourrait être des plus riches petits pays du monde, demeure un des plus pauvres. Peut-être n'est-il pas encore trop tard, pour les sortir de leur léthargie.

Je pris la poste à Luri sans fatigue aucune de la journée. On avait eu soin d'envoyer un relai à mi-chemin.

DE BASTIA A St FLORENT, ILE-ROUSSE
ET CALVI PAR LA BASSE BALAGNE
90 kilomètres.

La route qui mène à San-Fiorenzo est une montée continue, de Bastia jusqu'au sommet du col Teghime. Aussi avait-on tout le temps pour admirer la richesse des terres cultivées, la prodigieuse grosseur des fruits et l'abondance que promettait la récolte des amandes. A quoi, il faut ajouter, l'exquise beauté des fleurs sauvages les plus variées parmi lesquelles brillait encore l'anémone. De cette route on découvre encore, sous son aspect le plus favorable, l'étang de Biguglia ou Chiurlino, dans la plaine, et la longue chaussée en ligne droite conduisant à Corte et à Bonifacio.

Le hameau de Biguglia était autrefois un des centres les plus importants de la Corse. D'après quelques historiens, les eaux de l'étang auraient beaucoup empiété sur la terre ferme, car lorsque le temps est clair on peut apercevoir un chemin pavé qui le traverse par le milieu. Du sommet du col Teghime, haut de 1765 pieds anglais, on jouit d'un panorama magnifique: la mer de Toscane d'un côté et de l'autre le golfe de San Fiorenzo ou St-Florent, comme on l'appelle |aujourd'hui. On aperçoit, à une grande distance au-dessous, la descente qui est très-rapide par moments, formée de coudes assez brusques et qui enlace la colline de ses replis sans nombre. A mesure qu'elle se rapproche de la plaine, apparaissent quelques villages, excessivement pittoresques, dont le plus remarquable est Patrimonio, non loin duquel sont les ruines d'un fort château féodal entourées de très-beaux arbres.

Les rochers, de nature calcaire selon toute apparence, affectent les formes les plus grotesques et sont semés très-épais de lauriers-rose, les plus beaux que j'aie encore vus en Corse et approchant de ceux de la Sicile. On atteint alors la nouvelle branche de la route côtière qui environne le cap Corse, et la voiture ne tarde pas à passer la très-étroite poterne de la bizarre petite ville fortifiée de St-Florent, qu'on avait en vue depuis longtemps. Arrivé à une très-petite place dont un des côtés donne sur la mer, les mots : *hôtel des passagers* tracés sur le mur blanc d'une maison de bonne apparence, invitent le voyageur à déjeûner. Le plus souriant visage d'aubergiste, accueille l'hôte affamé pendant que l'intérieur de *l'hôtellerie* attire également l'attention du voyageur par sa simplicité. Impossible de voir quelque chose de plus propre : parquet en briques des plus luisantes ;

lits et linge aussi blancs que pourrait le désirer la personne la plus difficile. Aussi, est-on pris d'un violent désir d'y séjourner une semaine, au lieu d'une demi-heure. Le déjeuner qu'on nous servit était excellent: sardines, jambon frit, ragoût de bœuf aux haricots, poisson frais (et quel poisson ! Les " *zerri* " si renommés) quelques viandes froides, une salade, un assortiment de pâtisserie, des pommes, du fromage et surtout un excellent vin blanc du pays. C'est agir avec justice envers les aubergistes tant décriés de ce beau pays, que de donner tout au long le menu du repas qui me fut servi dans cette petite ville.

Le golfe de St-Florent, un des meilleurs et des plus considérables mouillages de la Méditerranée, mesure au centre deux cent soixante pieds de profondeur. Le gouvernement français a considéré la position de la ville comme assez importante pour y élever des fortifications. St-Florent est situé dans le district désigné sous le nom de Nebbio (*conca del Nebbio*). C'était autrefois le siége d'un évêché avec une cathédrale. Bâtie alors sur une hauteur, elle était dans de bien meilleures conditions sanitaires qu'aujourd'hui. Le palais des évêques belliqueux de cette époque, ressemblait plus à un château fort qu'à la demeure, d'hommes paisibles.

Le fleuve de l'Aliso coule à travers la plaine jusqu'au golfe dans lequel il se jette et les marécages auxquels il donne naissance contribuent à rendre la localité insalubre. En revanche, le gibier invitant à la chasse, y est excellent. Un chemin mène par Oletta et la charmante vallée, dite la *perle du Nebbio*, à la magnifique carrière de marbre de Bevinco et de là à Bastia. Mais, pour les voyageurs il vaut mieux aller directement de Bastia à Bevinco et s'en retourner ensuite par St-Florent. Cependant, comme aucune voiture publique ne fait encore cette route, il est nécessaire pour suivre cet itinéraire de prendre la poste.

La route qui conduit à Calvi serpente à travers le col Cerchio, laisse la montagne Lavezzi à droite et passe à travers des cistes et des rochers que leur entassement, complétement dénudé, fait ressembler à quelque vaste mer de glace. La végétation cependant, reparaît près de Piedinella où lors de mon passage on était en pleine fenaison. Le district entre la route et la mer est connu sous le nom de *domaine des Agriates*.

Le contour éloigné des Alpes Corses, y compris le monte Padro, forme un immense cadre aux rochers gigantesques. Une brise de mer des plus agréables, répand dans l'air une délicieuse fraîcheur, et son rivage escarpé prouve que la valeur sarrazine se mettait peu en peine des barrières naturelles, puisque les restes de tours en ruines sont en effet, plus nombreuses dans cette partie de l'Ile que partout ailleurs : les tours de Losari, de la Cala Rossa et de Salecci se suivaient de très-près. La petite rivière qu'on traverse en cet endroit se nomme l'Ostriconi.

Au-dessus de Monticello, village très-haut, situé sur la gauche, se trouvent les ruines du château de ce noble corse Giudice de Cinarca, qui périt d'une manière si tragique, alors qu'il était vieux et aveugle, victime de la plus infâme trahison. Cette légende fait partie des traditions populaires du pays.

Les abords d'Isola Rossa, aujourd'hui Ile-Rousse, sont très-gais et pleins de charme. Les deux îles aux rochers rouges, le petit port semblable à une forêt de mâts, les blanches maisons de la ville étincelant au soleil, le grand et beau château, avec ses tourelles, appartenant à M. Piccioni un des plus riches de la Corse, et au premier plan un grand mouvement d'hommes et de charettes, concourent à augmenter la gaité du tableau.

A l'époque où un bon hôtel aura été établi dans cette *coquette ville de la Balagne*, comme on l'appelle, il sera sans aucun doute beaucoup plus fréquenté par les étrangers.

Un paquebot faisant le service entre Nice et l'Ile Rousse mettrait rarement plus de six à sept heures pour effectuer la traversée. En huit heures on pourrait par une diligence, ligne directe, être rendu à Corte, et la route côtière terminée on atteindrait Ajaccio par Calvi, Porto, Cargese et Sagone, sans quitter, pendant le chemin, au milieu de scènes magnifiques, le bord de la mer.

La culture est excessivement riche dans cette basse Balagne. Aucune autre partie de l'Ile ne produit une aussi grande variété de grains. Le blé rapporte, en moyenne, neuf fois la valeur des semailles, le seigle et l'orge de vingt à trente fois, le maïs de trente-huit à quarante et la pomme de terre vingt fois. Dans cette partie, les porcs étaient moins hideux que leurs frères de l'Ile et faisaient soupçonner leur récente importation d'Angleterre. Les oliviers auxquels leur grande taille donne un aspect particulièrement vénérable, penchent leurs troncs noueux et tordus sous le poids du temps et sont en beaucoup d'endroits soutenus par des supports en maçonnerie. Ils sont tous distribués dans les champs de la même manière que les chênes dans un parc Anglais.

La petite vallée de l'Ostriconi s'étendant jusqu'à la mer, contient, dit-on, du plomb, de l'antimoine, du cuivre et du fer.

Les carrières de granit d'Algajola produisent d'immenses blocs. On pourrait au besoin en tirer des colonnes de vingt mètres de haut. La base de la colonne d'Austerlitz, sur la place Vendôme, ainsi que le tombeau de Napoléon 1er aux Invalides sont faites de ce granit. On en fait mention, au reste, dans la petite brochure qui se vend à la porte d'entrée de la chapelle et dans laquelle il est dit que « ce dernier coffre qui a reçu les cercueils de cèdre « et de plomb rapportés de Ste Hélène est d'une « substance nommée Algajola venant de Corse, et « analogue au soubassement de la colonne de la « place Vendôme. » On voit dans les carrières un monolithe qui était destiné à être transporté à Ajaccio pour la colonne Napoléon (1)

Le village d'Algajola dont les fortifications ont été élevées par les Pisans et les Génois, ont été presque complétement détruites par la grande route qui le traverse et l'espèce particulière de construction, très-commune dans ce pays, où l'on laisse aux murs les trous à échaffaudages, ouverts à tous les vents, les toits aplatis et les fenêtres qui ne sont que de simples chassis de bois sans vitre, lui donnent encore un aspect plus désolé. De là on décou-

(1) Ce monolithe mesure 72 pieds de long sur 12 de diamètre.

vre alors plusieurs hameaux perchés comme toujours très-haut sur leur rocher pittoresque, ainsi qu'un certain nombre de navires se balançant tranquillement sur l'onde claire.

Le grand village de Lumio, où l'on rejoint la route de Corte, ferait un charmant tableau avec son château en ruines sur l'arrière plan et ses larges tours dominées par deux collines en forme de cône, que leur ligne, pittoresquement brisée fait ressembler aux autres ruines. Le golfe de Calvi et la ville avec sa citadelle sur le promontoire escarpé, sont alors en pleine vue, dorés par les rayons d'un magnifique coucher de soleil. Un bel amphithéâtre de montagnes, borde la plaine qu'il faut traverser, avant d'arriver à la ville. Cette vallée est dit-on très-insalubre en été ; mais à l'époque de mon passage, aucun indice ne faisait pressentir la *malaria* et la rivière ayant le nom singulier de *Fiume secco* descendait en torrent rapide dont le large volume d'eau est traversé par un pont de pierre dit Ponte-Bambino.

L'arrivée de la diligence à Calvi est un grand évènement ; en moins d'une minute vous avez autour de vous, plus de trois cents enfants de tout âge tous prêts à se charger de vos bagages ; mais obligés de se retirer devant une vieille femme et un bambin, paraissant avoir douze ans, sur la tête duquel est placé un lourd fardeau.

Elle trotte en avant, avec délices, sur un plan
incliné de pavés des plus escarpés et conduit les
voyageurs au logis de la demoiselle Maria Giusep-
pina. Les chambres, quoique pauvres, sont de la
plus grande propreté, et lorsqu'on entre par la cuisine on a la satisfaction de voir les préparatifs d'un
dîner, et si vous demandez de l'eau chaude, elle
vous sera servie dans une casserole. La foule
nous accompagna jusqu'à la porte et ne se dispersa
qu'après les menaces réitérées faites, d'une voix
sonore par la Maria Guiseppina, belle femme aux
grands yeux, solidement charpentée. Il convient
de nouveau, pour l'honneur de la Corse, de donner le menu du dîner. Potage exquis, bœuf,
bouilli, langouste, veau à l'étuvée avec des olives,
pois verts (plus d'une pinte) beefsteaks salade, crême
ornée de caramels, pain excellent, gâteaux divers
oranges et vin, sans parler des plus jolis plats et
assiettes à dessert qu'on puisse imaginer, et sur
lesquels sont dessinés en relief différents fruits.
Après cela comment craindre de mourir de faim à
Calvi !

DE CALVI A CORTE

PAR LA HAUTE BALAGNE ET PONTE-ALLA-LECCIA

99 kilomètres.

De la citadelle de Calvi, la vue est magnifique : ce sont d'abord les rochers gigantesques qui lui servent de base, c'est ensuite d'un côté le golfe de Calvi mesurant en profondeur de 60 à 88 pieds d'eau et de l'autre côté le petit golfe de Revellata dans lequel était embossée la flotte anglaise lorsqu'elle bombarda la citadelle. De cette attaque il en reste encore beaucoup de traces. Calvi, sous le rapport des fortifications, vient immédiatement après Bonifacio ; c'est le port le plus voisin de la France. Le paquebot-poste y arrive de Marseille le mercredi matin. Sur le rivage étaient déposés de magnifiques bois de constructions tirés de la forêt de Calenzana qui, pour l'étendue, est la troisième de l'Ile. On coupe la route forestière dans la vallée, en rebroussant chemin au village de Lumio qui, vu de ce côté, parait encore plus beau que lorsqu'on vient de St Florent.

Toute l'étendue du pays, sur un espace de soixante kilomètres, est une suite continue des des plus charmantes vallées, richement plantées de céréales, de vignes et d'oliviers et dominées par quelques uns des plus pittoresques villages que l'imagination puisse rêver ; abondamment arrosés par de larges cours d'eau et ombragés d'arbres magnifiques, surtout d'oliviers entremêlés par endroit de ces mêmes chênes blancs, comme on en voit en Angleterre, qui entr'ouvraient leurs jeunes feuilles de printemps.

Je n'ai jamais rencontré pendant une longue vie de voyages, une scène qui surpassât le panorama si admirable de la haute Balagne. Aussi, les Corses ont bien le droit d'en être fiers et peuvent, avec raison, désirer la faire connaitre aux étrangers. La route ressemblant à une allée de jardin, est admirablement entretenue et serpente doucement et agréablement autour des diverses ondulations de la montagne escarpée au bas de laquelle s'étend la basse Balagne, le chemin de Bastia et la Méditerranée. Passé le petit col San Cesario on arrive au village singulièrement pittoresque de Feliceto surmonté de crêneaux rangés, de murailles et d'une tour qui paraissent appartenir à quelque château féodal ; mais qui sont, en réalité, formés par les rochers auxquels les habitants donnent le nom de *Falconajo*. La grande variété de fleurs sauvages dont elle abonde, rendront la Balagne chère pour toujours au botaniste qui y trouvera l'*Osmunda Regales* ou fougère fleurie. A tout voyageur qui peut disposer de son temps, on ne saurait trop lui recommander de suivre cette route et de ne *pas se rendre de Corte à Calvi.* St Florent et l'Ile-Rousse apparaissent dans leur plus grand avantage lorqu'on arrive de Bastia. Il en est de même des villages de la haute Balagne qui sont bâtis de telle sorte qu'en venant de Corte ou n'en découvre qu'une trés-petite partie parce *qu'alors* on descend la colline pendant qu'en partant de Bastia, la route monte et la voiture va au pas.

Perché sur le sommet d'une montagne escarpée, Speloncato offre au premier coup d'œil, un spectacle charmant. On aperçoit la maison et le *Belvedere* du comte Savelli, neveu de feu le cardinal de ce nom, et qui a hérité de son immense fortune.

Quelque riche que soit ce magnifique district, la population a si peu l'habitude de recevoir des étrangers qu'il n'existe pas d'auberge et qu'on ne saurait se procurer même un verre de vin.

Belgodere, le dernier village sur la route offre, par sa position, le panorama le plus splendide de la terre et de la mer. Outre la vaste étendue de la belle Balagne on voit très distinctement les deux rochers rouges de l'Ile-Rousse et la rangée de montagnes comprenant le sommet du Tolo Cingnaggio et le Monte-Grosso.

La route forestière venant de l'Ile-Rousse, passe en cet endroit, traverse le col San-Colombano et rejoint la forêt de Tartagine. On peut ainsi faire très-agréablement le tour des pays de la Balagne, de Bastia à S' Florent, de l'Ile-Rousse à Calvi, de Calvi à Belgodere et de ce dernier village à Bastia, par S' Florent.

Le chemin qui conduit à Ponte-alla-Leccia, par la descente très-raide de San Colombano, n'est ni joli, ni intéressant, et la prédilection bien connue, que les mules montrent invariablement pour le bord d'un précipice—prédilection qui ne manquerait pas de manifester d'une manière très-ostensible, les trois qui sont attelées à la diligence — est loin d'avoir aucun charme pour une personne nerveuse.

Le torrent de l'Asco ayant emporté le pont, les voyageurs ont à le franchir au moyen d'une planche. Le gouvernement vient d'ordonner l'érection d'un pont en bois qui sera, à n'en pas douter, un meilleur mode de passage. La rivière qui traverse la forêt d'Asco ou Carrozzica, a déjà emporté, en partie, un autre pont en pierre à arche élevée, selon le mode de construction particulier aux Pisans et aux Génois. La Tartagine en a détruit un troisième. Tous ces ponts qui étaient en pierre, devront être reconstruits en bois.

Si, cependant les nouvelles fondations ressemblent aux dernières, ce sera autant d'argent de perdu.

La vallée de l'Asco est renommée pour son miel qui, au printemps, est délicieux ; mais pendant l'automne, le miel de la Corse comme celui de la Sardaigne, devient très-amer. Cette amertume doit être attribuée à la fleur de l'arbousier dont l'abeille est folle et qu'elle butine presque exclusivement à cette époque de l'année. Les habitants de la campagne, en Corse, font peu de cas des abeilles. Si on les soignait, on en retirerait un produit considérable.

Il y a quelque vingt ans, une jeune paysanne était occupée à ramasser du bois et à en charger son âne ; ceci fait, elle se hâtait de regagner sa demeure. Le soir approchait et elle savait que le district n'était pas sûr. (Il était, en effet, hanté par le fameux bandit Serafino ?) Elle avait encore une assez longue route à faire avant d'atteindre Ponte-alla-Leccia, lorsqu'à sa grande joie elle fut rejointe par un gendarme qui, allant dans la même direction, lui proposa de lui servir d'escorte, ce qu'elle accepta avec reconnaissance, en racontant combien elle craignait le terrible Sérafino et qu'elle était son plaisir d'avoir rencontré le galant soldat, qui trompa le temps par son chrrmant babil, jusqu'à ce qu'arrivé près de sa demeure il s'arrêta et lui dit en prenant congé d'elle : « voyez comme vos craintes sont sans fondement, je suis Sérafino ! et il disparut. C'était la vérité. Le bandit, pour mieux éluder les soupçons, avait adopté le costume qu'il savait ne devoir inspirer que le respect.

A Ponte-alla-Leccia stationnait la lourde diligence dans laquelle je m'étais assuré le coupé en payant pour toute la traversée de Bastia à Ajaccio, seul moyen de se garantir une place à mi-chemin lorsqu'on doit en profiter. Le coupé est moins « *étouffant* » lorsqu'on voyage la nuit, (comme en cette occasion.) Mais en tout temps il doit être désagréable. Pour les deux jours de Bastia à Calvi et de Calvi à Ponte-alla-Leccia l'intérieur, disposé pour quatre personnes, avait été retenu et n'était pas incommode pour deux. Il faut renoncer à l'idée de voyager en poste, faute de chevaux.

D'AJACCIO A BONIFACIO.

139 kilomètres.

Bonifacio jouit de la réputation d'avoir l'auberge la plus sale de toute la Corse. Aussi, doit-on tenir à ne pas y passer la nuit, ce qu'on peut éviter facilement en prenant la calèche des Messageries-Postes et en se faisant précéder de relais de chevaux. Le chemin jusqu'à Cauro, est le même que celui de Bastelica. Aussitôt après Cauro commence la montée du col San Giorgio haut de plus de 2000 pieds, et d'où l'on jouit d'une charmante vue comprenant la mer et l'île d'Asinara. A la descente on passe devant une grande profusion *d'osmunda-régales* qui pousse dans un bois ou, en parlant plus poétiquement, un bosquet de châtaigniers dont le feuillage brillant sera bientôt trop épais pour laisser apercevoir aucune branche.

Les villages de Grossetto au-dessous du col, et de Bicchisano au loin, sur le flanc de la montagne, composent avec les vallées profondes et richement cultivées qui se dirigent vers la mer, un spectable des plus beaux. La route à gauche mène à Ste Marie et Siché, et de là aux bains de Guitera et Zicavo éloignés de 30 et 35 kilomètres.

Dans le talus sur lequel passe la route, se trouvent immédiatement les bains d'Urbalacone composés d'une petite maison circulaire et fréquentés, dans le temps des chaleurs, par un grand nombre de visiteurs qui de très-loin viennent s'établir dans le gai village de Grosseto.

La route serpente agréablement au milieu de "*macchie*" odoriférentes, délicieusement entremêlés de rochers magnifiques, de châtaigniers, de terres autrement cultivées, et de sources très-abondantes; sur une certaine étendue, le sol disparaissait entièrement sous un tapis de charmantes anémones bleues et blanches.

Bicchisano possède une petite auberge qui a l'habitude de servir à manger; c'est dans ce village, en effet, que s'arrête pour laisser dîner les voyageurs, la diligence qui mène à Bonifacio. Les provisions qui sont en grande abondance, arrivent de la cuisine à travers une trappe percée dans le plancher d'une des deux chambres à coucher, où comme d'habitude, les lits étaient d'une blancheur irréprochable.

La situation de Bicchisano sur une hauteur de 1400 pieds environ au-dessus du niveau de la mer, l'abondance de l'eau qui est d'excellente qualité, l'ombrage des arbres, la beauté des promenades, la fraîcheur délicieuse de l'air et l'absence complète de fièvres en feraient une très-bonne station d'été pour les visiteurs d'Ajaccio. On trouverait facilement à y louer chambres ou maison. Le village de Petreto, un peu au-dessus de Bicchisano, jouit également d'un air excellent.

A partir de cet endroit la route continue à monter. D'un côté on a une vue des plus étendues et des plus charmantes, de l'autre on aperçoit des

rochers splendides et des plantes toujours vertes et
dans le lointain, une belle ligne de montagnes en
partie couvertes de neige. La route qui passe le
col de San Giorgio et celle qui va de la mer à Pila
et Canale, serpentent dans la montagne, sur la rive
opposée du torrent du Taravo dont le lit est profond.

Environ à trois kilomètres et regardant la mer,
est le village de Sollacarò, renommé également
par un air très-pur ; sur le sommet de la montagne
qui le domine s'élèvent les ruines du chateau de
Vincentello d'Istria, presque caché par les luxu-
rieux feuillages de chênes-verts. C'est à Sollacarò,
et en 1765, que Paoli reçut Boswell. Peut-être
est-ce pendant cette visite que ce dernier compara
un des vins du cap Corse au Malaga, le vin ordinaire de ce district au Frontignan, le vin de Furiani
à celui de Syracuse, celui de Vescovato au Bourgo-
gne et quelques autres, qu'on ne nomme pas, au
Tokay !

Après avoir traversé le village de Casalabriva,
le voyageur ne tarde pas à atteindre le sommet du
col Celaccia élevé de 2,800 pieds, d'où la vue est
très-belle. En bas, le ravin avec le chemin qui serpente, à l'extrémité de la baie de Valinco, le petit
port de Propriano et au-delà la ligne des montagnes par dessus lesquelles on distingue encore la

G

mer et une bonne partie de l'Ile de Sardaigne. Le gros village d'Olmeto est pittoresquement situé sur le flanc de la montagne ; la route le coupe presque par le milieu et descend ensuite en serpentant à travers de très-beaux oliviers jusqu'à la plaine de Baraci. Le sol, autour d'Olmeto, est si particulièrement propre a la culture de l'olivier, que ce district pourrait rivaliser aisément avec la Balagne pour la production de l'huile, si les habitants, quoique moins indolents que dans maintes autres parties de l'Ile, avaient l'esprit d'industrie.

Sur un rocher immense qui couronne un monticule, s'élèvent les ruines du chateau du comte Arrighi della Rocca, presque complètement caché par la masse des arbres verts dont il est entouré ; dans le petit village de Propriano on semblait occupé à embarquer et à débarquer des balles de marchandises et autres objets et le puissant nom de Valery, qui a donné une grande impulsion au commerce, se lisait en énormes lettres sur un bureau dans la rue où une nouvelle maison semblait être un hôtel.

Le golfe de Valinco parait devoir offrir un sûr et excellent mouillage aux navires surpris par la tempête. La rivière de la Tavaria roulait un fort volume d'eau et était bordée de terres bien cultivées, labourées comme partout en Corse par une char-

rue de bois à un seul manche traînée par un cou-
ple de bœufs de petite taille.

Très-près du pont jeté sur le Rizzanese sont
deux pierres debout, l'une d'une grande dimension, reste d'un monument des druides, appelées
par les paysans les '' Stantari '' ou « Stazzona del
Diavalo. » Elles sont plus généralement connues
sous le premier nom; elles marquent en même temps
l'endroit où la route projette à gauche un embranchement sur Ste Lucie de Tallano, village situé sur
le versant de la rangée la plus basse des montagnes qui s'élèvent en lignes variées, jusqu'à ce
qu'elles forment le mont de l'Incudine et la chaîne
du Coscione. Tallano est renommé, à juste titre,
pour ses vins qui sont placés parmi les meilleurs
du pays. Le rouge a beaucoup de rapport avec
le léger Porto et le blanc, plus rare, a un bouquet
particulièrement agréable.

Marmocchi, dans sa géographie de la Corse,
donne comme la plus belle Stazzona del Diavalo
celle de la vallée de Cauria ou Gavuria, entre
Tizzano et le Monte di Cagna, dans l'arrondissement de Sartene. Elle se compose de huit pierres
et une neuvième de forme irrégulière, mesurant
environ 3^m 50 sur 2^m 30, forme le toit. M. Méri-
mée en donne le dessin dans son voyage en Corse.
Il dit également qu'à environ 300 mètres des

Stazzone sont neuf men-hirs ou Stantari qui lui rappellent Carnac et Erdeveu en Bretagne.

Près Tallano se trouve la carrière du célèbre granit orbiculaire qui, dit-on, ne se rencontre dans aucune autre partie du monde ou ne se rencontre, dans tous les cas, qu'en très-petite quantité ; ce marbre est extrêmement curieux et beau. Il va sans dire que la carrière n'est pas exploitée.

La ville de Sartene est depuis longtemps en vue; elle est bâtie très-pittoresquement en forme d'amphithéâtre sur le flanc — comme il arrive le plus souvent — d'une colline escarpée couverte de vignes, d'oliviers et d'autres cultures, entremelées de rochers magnifiques, de bois de chênes-verts et offrant une plaisante alternative de vallées et de monticules qui s'étendent jusqu'au pied des montagnes. Mais le rocher dit " *l'homme de Cagna*" n'est nullement visible et le *Handbook de Murray* est dans l'erreur.

Une longue colline en spirale conduit enfin le voyageur aux portes de Sartene, où se voient encore quelques bizarres débris de murs et de tours, restes des fortifications élevées au sixième siècle contre les barbares qui envahissaient si fréquemment le pays.

L'hôtel de l'Univers n'est pas mauvais, mais sa situation dans une rue étroite, en éloignera le touriste. Les gens de service quoique polis, sont cepen dant trop peu disposés à se lever de bon matin. La nourriture était bonne. Rien de plus délicieux que l'air embaumé du matin, à cinq heures, chargé, comme il était, du parfum des fleurs sauvages et de la fraicheur des *macchie* qui doivent loger un grand nombre de rossignols à constitution robuste à en juger par le volume des chants qui se répandaient des deux côtés de la route. Les yeuses étaient en plus grand nombre et d'une dimension beaucoup plus considérable que toutes celles que j'avais encore observées, et les gigantesques blocs de granit au milieu desquels la route est taillée, offrent une variété infinie de scènes magnifiques, car si dans la lecture de ce livre cette répétition devient monotone, cette monotonie n'existe pas dans la nature. Au loin, à l'extrémité d'une gorge ou vallée, s'étend la mer et l'Ile d'Asinara. On ne tarde pas à la perdre de vue lorsque la route tourne à gauche et descend au milieu des plus splendides chênes-verts (les chênes de Bashan) pour aboutir à la grande vallée de l'Ortolo, où la rivière rapide est traversée par un joli pont en pierre.

Cette vallée parait si agréable et si fertile, qu'il

L'hôtel d'Italie, quoique relaté dans l'édition en anglais de 1868, n'existe plus aujourd'hui. *(Note de l'auteur.)*

est à peine possible de croire que la *malaria* puisse y régner. L'imagination, très-probablement, prédispose à cette maladie, car toute indisposition, depuis une indigestion jusqu'à un rhume de cerveau, s'appelle ici « la fièvre. »

Le petit promontoire de Roccapina est ravissant: une tour à une extrémité et à l'autre un rocher qui ressemble de la façon la plus singulière à un lion — le noble animal — reposant à l'aise, la tête dressée, les yeux sur la profonde mer bleue et la longue ligne de l'Ile de Sardaigne, et laissant tomber paresseusement une de ses jambes de derrière. Le rocher qui est bien certainement le plus curieux qui se puisse voir, est appelé par les habitants de ces localités : « Lion de Roccapina. »

Le chemin longe alors la Méditerranée d'aussi près que le permettent une infinité de petites baies. Quoiqu'il ne soit pas aussi richement boisé et aussi avancé en culture que d'autres parties de l'île, il serait inexact de représenter ce district comme un désert, puisque en traversant certain village on en peut compter jusqu'à six autres. Le rocher, tant vanté, que l'on nomme '' *Uomo di Cagna*,'' et qui se dresse sur le sommet de la montagne de ce nom, est, de beaucoup, moins curieux que le Lion.

La vallée de Figari est arrosée par un torrent de

même nom dont les eaux paresseuses sont traversées par un très-beau pont en tôle, et en dépit de
la malaria, les blés de cet endroit sont très-estimés
et fort recherchés sur le marché de Marseille où on
les mélange aux blés de seconde qualité apportés
de la mer Noire.

Un magnifique entassement de rochers ou montagne isolée attire l'attention par sa vraisemblance
extraordinaire avec une forteresse en ruines. Au
sommet se trouve l'hermitage de la Trinité, appartenant à un couvent dont les jardins et les oliviers
sont cultivés avec le plus grand soin et où la ville
de Bonifacio tient une grande chambre à la disposition des visiteurs qui peuvent s'y abriter du
soleil, lorsqu'ils ont besoin de repos et d'ombre.
De cette hauteur on découvre un panorama splendide de Bonifacio, de la Sardaigne et de la mer.

Bonifacio, l'ancienne *Palla civitas* de Ptolémée
située le plus au Sud de l'Ile est une des villes les
plus anciennes de la Corse. Peut-être, n'est-il pas
complétement exact de la placer sur le point le
plus au Sud de l'Ile, le phare s'avançant encore
d'avantage dans cette direction. Du phare, on
apperçoit une partie de l'Ile de " La Maddalena. " A mesure qu'on approche de la ville, les
falaises perdent leur ton chaud, variant du jaune
au rouge et revêtent la blancheur éclatante de la

craie d'Angleterre. On n'a pas plustôt descendu un étroit défilé des plus curieux, dont les murs naturels sont rongés par les eaux, que l'on se trouve subitement en présence du petit port ou *marina* de Bonifacio, — un des plus remarquables spectacles que l'on puisse imaginer.

On atteint la ville haute et la citadelle par un magnifique chemin qu'une lourde diligence parcourt régulièrement deux fois chaque jour ; aussi, doit-on conclure des assertions du *Handbook*, que celui qui l'a rédigé, n'a vu, ce qu'il décrit, qu'à travers des souvenirs d'enfance, car le chemin en question ne date pas d'hier. Après avoir passé le pont levis et être entré dans la ville, je fus reçu avec la plus grande courtoisie par le docteur Montepagano, maire de Bonifacio, qui eut l'obligeance de m'accompagner dans ma visite à l'Eglise de Saint-Dominique, ayant appartenu autrefois aux Templiers. Il est regrettable que les colonnes de porphyre et de différents marbres, aient été blanchis au lait de chaux.

La très-petite chambre, dont l'unique fenêtre donne sur la poterne menant dans la cour de la citadelle, a été habitée plusieurs mois par Napoléon. Ier, alors lieutenant, en garnison à Bonifacio.

Les maisons sont élevées et les rues quoique

étroites sont certainement plus propres qu'à Corte, mais rien n'est plus beau que la route. Le sentier qui descend au port n'est pas en zig-zag ; s'il en était ainsi, il serait moins raide. Un bateau remarquablement solide, conduit par deux vieux rameurs, nous transporta en mer à environ un kilomètre de la sortie du port. La ville n'est pas bâtie au-dessus de la mer ; la citadelle qui s'avance plus au large n'occupe qu'une très-petite portion d'une caverne située sous ses murs. C'est certainement la plus considérable des trois que visitent ordinairement les étrangers. On l'appelle l'*hirondelle*. Les deux autres se trouvent de l'autre côté du port autour du rocher sur lequel s'élève le phare du mont Pertusato, (c'est-à-dire rongé ou percé par les eaux.) La première dénommée Sdragonata est de toute beauté ; la parfaite limpidité de l'eau qui la baigne ainsi que le calme de la mer par un temps magnifique, permettaient de l'examiner en détail dans toutes ses parties. Des stalactites remarquables festonnent les côtes cintrés de l'intérieur de la caverne ; le brillant ciel bleu qu'on aperçoit par une large ouverture supérieure, ayant exactement la forme de l'Ile de Corse, n'était assombri que par la troupe des oiseaux qui s'envolent effrayés dès la présence de quelqu'un d'étranger à leur domaine. Une grande partie des rochers sous-marins sont d'une charmante couleur lilas. Mais à l'extérieur, la grotte, de la blancheur du calcaire, est stratifiée et durcie par l'action des vagues, de la manière la plus curieuse.

Nous visitâmes ensuite la caverne appelée *le Camere* et nous mîmes pied à terre pour mieux voir les magnifiques excavations creusées par la mer dans ces rochers, qui forment une succession de chambres ; quelques unes sont supportées par des piliers isolés, mais rarement habitées, si ce n'est par occasion, par des phoques. De là nous tournâmes, en ramant, le promontoire, du côté opposé au port, sur lequel s'élèvent la citadelle et la ville et nous entrâmes dans la plus etendue des trois grottes, juste le temps d'y jeter un regard. L'escalier qu'on découvre après avoir passé le cap, établi, dit-on, par ordre du roi d'Aragon, est taillé presque à pic dans le rocher perpendiculaire à la mer : du sommet de ce précipice quelques unes des maisons de Bonifacio jouissent d'une vue splendide. Il compte 164 marches, avec un excellent parapet pour empêcher les chutes, et a dû, dans l'ancien temps, servir autant aux contrebandiers et aux sarrasins qu'à sa Majesté Aragonaise. Sur le sommet du roc s'elève le célèbre *Torrione* bâti par les Toscans et qui sert aujourd'hui de poudrière. Je veux bien croire que cette tour soit considérée comme très-belle, ce qui n'empêche pas qu'elle ressemble tout bonnement à un vieux four à chaux.

En revenant à l'étroite crique, ou port, dont l'entrée est singulièrement tortueuse, nous nous arrêtâmes pour voir l'entrée de la caverne qui, dit-on, communique avec la haute mer. Un moulin à vent au sommet du rocher élève l'eau douce d'un puits artésien foré dans ce rocher.

Nous étions à peine débarqués à la *marina* que deux belles jeunes filles, qui tiennent une boutique d'une propreté remarquable, me présentèrent un morceau de corail noir et quelques opercules. Elles me pressèrent aussi de prendre passage sur un sloop aux joyeuses couleurs et confortablement accommodé, alors à l'ancre le long du quai, qui devait mettre à la voile le lendemain pour l'Ile de la Maddalena.

Les pêcheurs de corail napolitain qui se rendaient à Ajaccio se trouvaient alors à Bonifacio ; mais n'avaient aucun spécimen de quelque valeur. La pêche jusqu'alors avait, disaient-ils, été très-mauvaise.

Ce n'est pas sans raison que l'on conseille à tous les gourmands d'aller manger les huîtres de Bonifacio, nulle part on n'en trouve ou on n'en déguste de plus fines. Le clovis, qu'on rencontre également dans cette partie de l'Ile, est un des plus délicieux mollusques et sa coquille des plus belles. Il figurait dans l'excellent déjeuner que je dûs à l'hospitalité du docteur Montepagano et de sa charmante femme. La manière de pêcher le clovis, comme le docteur me le décrivit, est certainement unique. Comme on le trouve dans le sable du port, les pêcheurs entrent dans l'eau armés d'un long bâton. Du pied, ils cherchent le coquillage, (assez semblable au coque, mais beaucoup plus gros que les *cockles* d'Angleterre) et quand ils l'ont trouvé ils le saisissent entre la plante et le gros doigt du pied, l'amènent à portée et s'en emparent avec l'une des mains restée libre.

Les voyageurs seront heureux d'apprendre qu'on se propose de bâtir un nouvel hôtel dans la partie de la ville avoisinant la citadelle. On songe aussi à préparer quelques chambres près '' le Torrione '' d'où l'on dominera la mer. L'air de Bonifacio est des meilleurs et les étrangers pourront trouver à s'amuser quelques jours, ou plus, quand il y aura possibilité de s'y établir convenablement.

La vue qu'on a de la route, avant de pénétrer dans la ville haute, est des plus belles. Le village de Longo-Sardo, en Sardaigne, paraissait très-proche, et les *bouches de Bonifacio*, si dangereuses, offraient une surface aussi calme qu'un réservoir de moulin.

Porto-Torrès est situé à une distance considérable, au fond d'une baie profonde, autour d'un promontoire. L'aspect de la Sardaigne cause un vif désappointement : les montagnes sont infiniment plus basses et n'offrent nullement l'aspect attrayant de celles de la Corse.

Après avoir passé cinq heures de la manière la plus agréable avec mes charmants compagnons à Bonifacio, n'ayant pas pu profiter de l'excellente hospitalité qui m'était cordialement offerte dans la maison du Maire, il fallut songer au retour. Le chemin qui, par la côte Est, gagne Porto-Vecchio et Bastia ne tarde pas à se séparer de celui que je suivais. Mes regrets de ne pouvoir visiter les plaines de cette zône furent considérablement tempérés par l'avis du docteur Montepagano qui m'engagea à ne m'y rendre qu'à une époque moins avancée de l'année. En mai, il est déjà trop tard pour qu'un étranger s'expose aux chances de la fièvre. Peut-être aussi, connaissant la proverbiale imprudence des Anglais qui ont l'habitude de rester à la promenade après le coucher du soleil — parce qu'il fait alors si frais et si bon — avait-il raison de parler ainsi.

Mon retour à Sartene s'accomplit dans des

conditions particulièrement délicieuses qui tenaient,
peut-être, à ce que le soleil était couché depuis
longtemps: un grand nombre de perdrix à jambes rouges fréquentaient le long de la route et
lorsque la lune dans tout son éclat illumina le
chemin que nous suivions, le chœur des rossignols se répandit en mélodies qui dépassent toute
description, accompagnées par le chant de quelque
oiseau inconnu à la note plaintive, mais très-douce
et toujours la même. Tout cela joint au parfum
délicat qui s'élevait des arbustes odorants dans
l'air frais de la nuit. Aussi, le temps ne passait-il
que trop rapidement. Qu'il est restreint cependant,
le nombre de personnes qui visitent ce magnifique
pays ! La plupart du temps on ne dépasse pas la
poudreuse Riviera où, si ce qu'on rapporte est
vrai, les odeurs sont loin d'être agréables.

Impossible de passer plus agréablement quinze
heures qu'à visiter ainsi Bonifacio. De Sartene à
Bonifacio on compte cinquante quatre kilomètres.

DE SARTENE A ZICAVO

66 kilomètres.

J'ai suivi jusqu'à Bicchisano la même route que j'avais déjà faite d'Ajaccio à Sartene : les points de vue sont beaucoup plus beaux en allant de Sartene à Olmeto. Olmeto, particulièrement, gagne à être abordé de ce côté d'où la situation élevée apparaît dans tous ses avantages. Le *Handboock* ne fait mention d'Olmeto, nulle part ; ce qui donne à penser que, la diligence traversant ce village à la nuit, l'auteur ne fût endormi.

Après avoir déjeûné à Bicchisano, en laissant à gauche le chemin d'Ajaccio, et nous nous diri-geâmes sur Zicavo par une route très-accidentée, montant et descendant avec le sol qu'entrecoupaient plusieurs torrents dont les ponts, qui n'avaient qu'un seul parapet, semblaient de prime abord, avoir été construits d'après le principe de l'économie la plus stricte. Un peu de réflexion cependant, me donna l'explication de cet état de choses : le second parapet avait été renversé dans le passage des grandes pièces de bois qu'on enlève de la forêt qui buttaient contre et s'opposaient à leur transport ; ceci provient du peu de développement des courbes sur lesquelles les ponts sont établis.

Un de ces ponts, nommé Poconca, est situé de la manière la plus admirable. Au milieu de profonds abîmes de rochers couverts d'yeuses luxuriantes et d'autres arbres non moins beaux, et formant une succession de petites cascades avec l'eau du Taravo qu'on a ponté en cet endroit, afin d'éviter les frais d'une tranchée à ouvrir dans le roc.

Le chemin, quoique extrêmement joli, avec des villages çà et là et de hautes montagnes enfermant la vallée du Taravo, est cependant moins beau que dans d'autres parties du pays. Il faut faire une exception pour les bains de Guitera dont les maisons aux tuiles rouges, rappellent beaucoup, à première vue, un tableau italien.

Lorsque ces sources magnifiques seront plus connues et que les maisons auront été convenablement réparées et accommodées, il n'y a pas à douter qu'on y verra accourir un grand nombre d'étrangers. Les eaux jaillissent, en bouillonnant du sol, dans un large bassin circulaire semblable à un chaudron et qui n'a pas même de toit. L'abondance des sources est telle qu'en tout autre pays, elles feraient la fortune de milliers de personnes et rempliraient, au moins, une centaine de baignoires en cinq minutes. La température de ces eaux très-chaudes est charmante, et quoique sulfureuses elles ne sont nullement désagréables. Dans les chambres, qui n'ont seulement pas de fenêtres pour laisser passer la vapeur, sont disposées deux auges en bois auxquelles on donne le nom de baignoires. Tout enfin, est aussi rustique que possible et dans des conditions vraiment délabrées. Avec quelle avidité, cependant, on court après des sources des autres pays et qui sont beaucoup moins salutaires que celles de Guitera ! Pourquoi, parce qu'elles sont à la mode ! Guitera est à peu près à quarante deux heures de Paris — et *Paris est* — la *France!*

Il existe, non loin des bains de Guitera, une source d'eau froide, également sulfureuse, mais qui, au lieu de sortir de terre, jaillit d'un rocher.

Pendant une longueur de trois kilomètres la route continue à remonter la charmante vallée du Taravo, qu'on traverse sur un pont dont le nom local est Tempo-di-Prate, après avoir passé un autre torrent sur le pont Mulinello. On a une très-belle vue du gros village de Zicavo, situé dans une position très-élevée sur le flanc du ravin à droite, d'où s'échappe un beau torrent écumeux. Le village est encadré, en quelque sorte, par les deux hautes montagnes splendidement boisées qui forment la gorge, sur un des côtés de laquelle le chemin monte au-dessus de magnifiques précipices et d'énormes rochers isolés qui, vus du lit de la rivière, doivent être excessivement grandioses.

Les abords de Zicavo montrent comme le village est bien situé pour jouir du frais en été. Au lieu de se trouver enfermé dans une gorge étroite, il ouvre sur trois charmantes vallées dont l'une s'étend vers la ligne des montagnes du Coscione d'où il souffle toujours un vent des plus agréable. Les maisons sont presque toutes séparées les unes des autres et entourées de beaucoup d'arbres; les rues, non pavées, montent en serpentant, six fontaines fournissent en abondance de l'eau excellente, des vues délicieuses, des promenades de tout genre et plusieurs maisons confortables, n'ayant besoin que d'être mises en ordre pour recevoir des étrangers : tel est l'actif de Zicavo. Je n'ai encore vu aucun village plus admirablement situé et plus propre à devenir une station d'été pour les étrangers d'Ajaccio. Les eaux de Guitera n'étant pas éloignées de plus de six kilomètres, ajouteraient encore un nouveau charme. La position des bains doit être plus que chaude; ils sont trop enfermés; mais Zicavo serait délicieux, élevé de 2,300 pieds environ au-dessus du niveau de la mer et jouissant du précieux avantage de n'être pas visité par le soleil avant neuf heures du matin. Nul pays en Corse ne possède un air plus pur. Les fièvres de la *malaria* sont inconnues; on en ignore jusqu'au nom. Il existe, parait-il, une petite auberge, très-bien tenue, à l'entrée du village, dont je n'eus pas à faire l'expérience attendu que j'ai été reçue de la manière la plus courtoise et la plus hospitalière, par madame Abbatucci, femme du député, à cette époque à Paris où l'appelaient ses fonctions. La maison de M. Abbatucci est une des plus considérables de Zicavo. Elle est bâtie sur un des points les plus élevés, domine de délicieux points de vue et fait face, d'un de ses côtés, à la route qui passe à travers une splendide forét de chênes-verts et d'autres arbres, et qui conduira, lorsqu'elle sera achevée, à Ste-Lucie de Tallano.

Tout ce que j'appris de ma charmante hôtesse, me confirma dans l'opinion favorable que je m'étais faite de Zicavo. Je sus, en outre, qu'on pouvait facilement se procurer toute espèce de provision et que si des étrangers venaient s'établir dans le village, pour quelques-uns des mois d'été, il serait facile d'établir un service de voitures légères ou d'omnibus, non seulement entre Zicavo et les bains de Guitera, mais encore entre Zicavo et Grosseto où passe la diligence d'Ajaccio (trente kilomètres). Le juge de paix, qui dîna avec nous, nous proposa après le repas, une promenade dans les bois, ajoutant qu'il espérait que je consentirais à sortir, car quelques habitants rassemblés sur la place, étaient désireux de voir la première personne de ma nation qui eût jamais mis le pied dans leur tranquille village. Me voilà donc dans l'Ile de Corse transformée en paisible représentant du Lion Britannique ! Sentant, cependant, qu'une toilette de voyage ne donnerait jamais une idée juste de ma nation, je demandai à remettre cette présentation jusqu'à l'année prochaine, de sorte que quelques-uns seulement furent introduits ; nous passâmes une charmante soirée. On me pressa, en outre, très-vivement, d'assister le lendemain, à une grande chasse au mouflon qui serait organisée séance tenante. La tentation était forte, mais l'assurance que la chasse prendrait trois ou quatre heures me fit réfléchir. En multipliant ces trois ou quatre heures par trois, ainsi qu'il convient de faire en Corse, si l'on ne veut pas se préparer une déception, on en obtient dix à douze. Aussi, vu l'action du soleil à cette époque de l'année (4 mai 1868), la prudence me fit-elle décliner cette offre. Ce n'est également, je l'espère, qu'un plaisir remis.

En m'expliquant la méthode employée par les bergers ou les chasseurs de mouflons, pour prendre les jeunes sujets, madame Abbatucci me dit que cette chasse devait toujours avoir lieu avant le 15 mai. Sitôt qu'on les a découverts dans leur repaire, situé généralement dans les hautes montagnes, on tire un coup de fusil. Terrifiés par cette détonation ils s'abattent et se cachent sous le rocher le plus voisin. Mais s'ils ont, une seule fois, entendu le tonnerre, ils ont appris à s'enfuir au bruit et en entendant le coup de feu ils s'enfuient au galop et ne reparaissent plus. Or, il tonne rarement avant le 15 mai.

Lorsqu'il a été capturé, le jeune mouflon s'apprivoise très-facilement. Au bout d'une demi-heure il suit son maître comme un chien, lui saute sur les genoux et lui est intimement attaché. Mais ils sont très-cruels envers leur pauvre mère-nourrice la chèvre, lui battant souvent le pis jusqu'à tirer du sang au lieu de lait. Très-souvent on a besoin de deux chèvres pour élever un mouflon.

Le mouflon que possédaient les Abbatucci avaient l'habitude de courir dans le village, où il se plaisait beaucoup, revenant toujours à sa demeure et ne témoignant jamais le moindre désir de reprendre sa vie des montagnes.

DE ZICAVO A VIVARIO

PAR LES FORÊTS DE VERDE, MARMANO ET SORBA.

60 kilomètres.

Un nouvel embranchement reliera prochainement, à travers la montagne, Zicavo à la route
principale. Lorsqu'il sera ouvert aux voitures,
il économisera au voyageur sept kilomètres de
chemin. Aujourd'hui il faut revenir sur ses pas
pendant près de trois kilomètres, à partir de la
montée de Zicavo ; et encore, cette route, n'a-t-elle
été terminée que tout récemment. Le seul moyen
de communication était autrefois un sentier pour
les chevaux.

Tout artiste en quête d'études de magnifiques
blocs de rochers, de feuillage varié et de charmantes petites cascades, ferait bien de s'arrêter
quelque temps à Zicavo ; il ne tardera pas à remplir son portefeuille.

Une légère montée, au milieu du mélange habituel de terres cultivées et de *macchie*, mène au
village de Cozzano qui n'a rien de bien attrayant
au premier abord. Je me suis dit qu'un peu plus
de civilisation ne serait pas sans avantage pour le
voisinage. Il n'y a pas très-longtemps, au reste,
que la route a été ouverte, et les routes civilisent

toujours les populations. Plusieurs hameaux sont situés sur l'autre bord de la rivière, qui coule dans un lit de rocher et reçoit un grand nombre d'affluents dont les ponts sont tous dans le même état de délabrement. Ce qui explique éloquemment le voisinage de la forêt de Verde, une vraie forêt Corse enfin ! Et quelle différence avec la pauvre forêt brûlée et plus qu'à moitié détruite de Vizzavona !

La taille gigantesque et la beauté particulière du pin Lariccio, méritent d'être vues, car rien ne saurait en donner une idée. Son tronc qui forme une ligne droite des plus pures et qui s'élève à une hauteur prodigieuse, déployant ses branches à son sommet en forme d'auréole, ne ressemble en rien aux autres arbres. La majestueuse beauté de ce magnifique produit de la nature, récompense amplement ceux qui viennent le visiter.

Ces monarques de la forêt, cependant, ne règnent pas seuls. De beaux et vénérables hêtres sont mêlés en grand nombre aux blocs énormes de granit parmi lesquels surgit le *Lariccio* ; et tous s'unissent pour répandre une ombre délicieuse sur la route, qu'ils protègent contre les ardeurs du soleil : ce qui achève de donner un charme qu'on ne saurait jamais oublier.

Du col ou Bocca di Verde, (4260 pieds au-dessus du niveau de la mer) on jouit d'une belle vue de la vallée du Taravo, et de quelques parties de la chaîne des montagnes du Coscione, pendant qu'en face de vous s'étendent la forêt de Marmano, le col de la Sorba, une partie de la forêt de même nom et un morceau de la route qui la traverse pour aller à Vivario.

Le chemin commence alors à descendre et quitte la forêt de Verde, ou pour parler plus exactement San-Pietro-di-Verde, pour entrer dans celle de Marmano qui est des plus étendues et d'une beauté surprenante, et dont les arbres sont encore plus magnifiques que ceux qu'on aperçoit en montant. Les routes faites par le gouvernement français sont certainement d'une grande utilité, non seulement elles vous évitent des peines et des fatigues ; mais sans elles aucune voiture ne saurait traverser les forêts. Il ne faut pas, cependant, qu'on aie le regret de constater que ces routes sont ouvertes pour emporter ces mêmes arbres dont la beauté grandiose est d'un effet si puissant.

Ils mesurent en moyenne de 15 à 18 pieds de circonférence, du moins à en juger par ceux qu'il me fut possible d'approcher. Quelques uns, beaucoup plus considérables, sont inabordables à cause de la raideur glissante de la pente sur laquelle ils s'élèvent du milieu des blocs de granit où, couverts à peine de quelques pouces de terre, ils nourrissent leurs racines depuis des siècles.

Plus bas, et toujours dans la forêt, nous passâmes devant la maison de refuge, pour l'été, du pénitencier agricole de Casabianda : ce charmant village est formé de cottages en bois, avec un joli jardin et une fontaine. La résidence d'hiver est Casabianda, près de la plaine d'Aleria. Mais la présence de la *malaria* pendant l'été, rend ce changement d'air indispensable à la santé de la population. Depuis que ce changement a été adopté, la mortalité a considérablement diminuée. (1)

Après sa sortie de la forêt, la route descend par la vallée du torrent qui devient ensuite la rivière Fium'orbo (2) flanquée à droite et à gauche de

(1) Dans les trois pénitenciers les hommes sont employés á des travaux agricoles. La statistique donne pour le seul pénitentier de Casabianda :

En 1864..........population 500 mortalité... 63
En 1865...............id.....500...id.....116
En 1866 (six mois)....id.....900...id..... 27

En 1866 le nombre des condamnés atteignait 900 et grâce au changement de résidence en été, on obtint les résultats suivants :

1866 (six mois) mortalité..................... 9
1867 (12 mois)... id...................... 19
1868 (3 mois)... id...................... 5

(2) Fleuve aveugle.

belles montagnes escarpées et de terres cultivées qui vont s'améliorant considérablement tous les jours.

Nous atteignîmes, enfin, le village florissant de Ghisoni. De l'autre côté de la rivière s'élève le grand entassement de rochers aigus dénommés Christe-Eleison. Ces rochers sont, dit-on, très-fréquentés par le mouflon et·sur le sommet desquels s'étend une petite plaine du plus beau gazon formant un excellent pâturage. Ghisoni offre, actuellement, l'exemple de ce que peuvent l'énergie d'un travail soutenu. Cette commune qui, il y a sept ans, était une des plus pauvres, est aujourd'hui une des plus riches de l'Ile. Son revenu qui était, pour ainsi dire, négatif en 1861, s'élevait en 1864 à 74,500 francs par an ; depuis, il ne cesse pas de s'accroître.

La salle à manger de l'auberge avec ses jolis murs en stuc et son plafond, le plus chargé de couleurs et de dorures qu'ait jamais pu produire, même un artiste Italien, est un beau type de maison de campagne. Les vivres se trouvèrent en plus grande abondance qu'on ne pouvait l'espérer ; ce fut la seule fois qu'il nous fut servie une gousse d'ail.

Nous discutâmes alors les conditions d'une promenade en cabriolet projetée par M. le Maire, à l'effet de voir les belles horreurs des précipices de *l'Inzecca*, dans le ravin de Fium'orbo, sur la route de Ghisoni à la marine de Calzarello. Malheureusement, les deux heures que devait prendre cette excursion, aller et retour, se sont trouvées multipliées par quatre et en auraient ainsi représenté au moins huit. Ajoutez à cela, que la route étant horriblement défoncée par le passage incessant des lourds camions chargés d'arbres entiers, faisait faire des réfléxions sérieuses sur cette promenade qui n'aurait pas manqué d'être très-désagréable dans un cabriolet à deux places, attelé d'une seule mule, et occupées par deux personnes d'un embonpoint respectable ! Aussi, jugea-t-on plus prudent, de remettre l'expédition à une autre année, résolution qui parut plaire énormément à l'excellent maire. L'état de la route conduisant de Ghisoni à la forêt de Sorba, était de nature à enlever tous les doutes sur ce que devait être la partie du chemin jusqu'à *l'Inzecca*. Les arbres de Marmano la traversent, en même temps que les gigantesques produits de la Sorba. Nous en rencontrâmes quelques-uns sur leurs énormes charriots trainés par quatre ou cinq mules, quoique la route qu'ils avaient à faire, allât toujours en descendant jusqu'à la mer.

Pour être juste envers l'administration des ponts

et chaussées, il faut dire que c'était la première fois que nous rencontrions un chemin réellement mauvais; et encore cet inconvénient ne se prolongea-t-il pas au-delà de cinq kilomètres. Après quoi, cesse le ravage des arbres. En général les routes ressemblent plus à des allées de jardin, qu'à tout autre chose. Pendant que nous montions, quelques vieux châtaigniers énormes, à droite et à gauche sur une certaine longueur, en variaient la scène. Ces châtaigniers, restes apparemment d'une forêt d'autrefois, sont presque aussi beaux que ceux de l'Etna. La coutume d'étêter partiellement et quelquefois entièrement, les châtaigniers, leur enlève certainement une grande partie de leur beauté naturelle. En continuant notre ascension et en découvrant de nouvelles magnificences au milieu de rochers et d'arbres, nous trouvâmes un talus couvert de *primevères* en tout semblables à celles d'Angleterre; ce furent les premières que nous voyions en Corse. Cette fleur de la mère patrie, poussant au pied du pin Lariccio, formait un contraste frappant, quoique plein de charme. Lorsqu'on a, enfin, gagné le col de Sorba, haut de 4250 pieds, on jouit d'une très-belle vue, particulièrement si l'on regarde derrière soi. Le col de Verde jusqu'aux montagnes neigeuses du Coscione, la forêt de Marmano et la résidence d'été du pénitencier de Casabianda avec ses toits reluisant au soleil, les magnifiques rochers de Christe-Eleison dont la plus haute pointe s'appelle *Kyrie-Eleison* et la gorge de *l'Inzecca* avec quelques morceaux de la route et une partie de la plaine d'Aleria, le lac salé d'Urbino avec sa petite île et quelques navires faisant voile vers la Sardaigne sur l'azur tranquille de la Méditerranée : Quel tableau magique ! Et cependant, le paysage qui se déroule de l'autre côté du col et que nous avons maintenant devant nous, est infiniment plus beau et difficile à égaler.

La charmante vallée du Vecchio avec son heureux mélange de sites sauvages et de terres cultivées ; les villages de Serraggio et de San-Pietro-di-Venaco, avec la route tournante de Bastia, dans l'éloignement ; les hauteurs qui dominent Corte s'élevant sur l'arrière plan avec les montagnes au-dessus de la source d'Orezza et un morceau de la plaine du Tavignano, tout cela, vu comme par une échappée, à travers les troncs gigantesques de ces magnifiques arbres sans pareils, forme un spectacle qu'on ne saurait jamais oublier et qui dépasse toute description lorsqu'on l'a vu une fois. Et dire, qu'on peut le voir avec tant de facilité ! Est-ce que quelques-uns de mes compatriotes qui aiment la belle nature, ne seront pas tentés de suivre mon exemple ?

Si l'on monte quelques mètres à droite du col
en grimpant parmi les pins et les rochers, on arrive
à un point d'où l'on voit en même temps les trois
pics, le Monte-Rotondo, le Monte-d'Oro et le Monte-
Renoso. C'est un coup d'œil vraiment sublime.

Une petite heure de descente parmi ces arbres
splendides, vous conduit à Vivario qui parait et
doit paraître, lorsqu'on l'aperçoit pour la première
fois, de ces hauteurs, bizarre et très-pittoresque.
En deux heures le voyageur gagne le col de la
Sorba en traversant la magnifique forêt de ce nom
et si le temps manque pour descendre à Ghisoni,
(est-il jamais un touriste Anglais qui ne soit pas
toujours *très*-pressé ?) on peut en une heure rentrer à Vivario. De sorte qu'en trois heures on
pourrait jouir d'un des plus beaux paysages que
l'imagination la plus puissante puisse rêver, sans
que l'on soit incommodé par la poussière de la
Riviera ou par les toilettes de Nice.

De bonne heure, le cinquième jour, nous retournâmes à Ajaccio, en traversant pour la troisième
fois la forêt de Vizzavona, qui revêtait alors un
aspect moins triste, grâce aux tons plus gais qu'im-
primaient à cette toile grise et morne les immenses masses de feuillage vert-brillant des hêtres.

D'AJACCIO A VICO.

55 kilomètres.

On suit la route de Bastia jusqu'aux maisons de Mezzavia ; là on tourne à gauche et l'on passe sous une des arches du très-bel aqueduc nouvellement construit qui traverse, à cet endroit, une étroite vallée et qui est destiné à conduire les eaux de la Gravona à Ajaccio. (1)

Le village d'Appietto est situé à une bonne hauteur au-dessus de la route . Les traces du château en ruines des Gozzi, qui dominait autrefois cette vallée, ont disparus. Le magnifique rocher, cependant, sur lequel il était assis en conservera probablement le nom, aussi longtemps que le monde existera. Une longue montée qui serpente en pente douce, sur la lisière des terres si bien cultivées du Pruno, baignées par le petit golfe de Lava, vous conduit au col Listincone ou *Lentiscus* et de là à la chapelle de *San Sebastiano.* Le col de même nom est haut d'environ 1200 pieds. De cette éminence la vue est une des plus grandioses que l'on puisse imaginer ; mais plus belle au soleil couchant qu'à la lumière pâle du matin.

(1) Pont-aqueduc de Mezzavia de 28 arches.

La mer, bornée au Nord-Ouest par le petit promontoire sur lequel s'élève le village grec de Cargese, forme, avec le rivage du versant opposé à celui qui fait face au golfe d'Ajaccio, le golfe de Sagone. Un grand nombre de ruines sont disseminées sur les falaises rocheuses qui dominent la plage. Les riches vallées cultivées de la Liscia et du Liamone sont sillonnées de cours d'eau que bordent des rideaux d'arbres, sur le premier plan ; divers villages se dressant sur des éminences, au pied des montagnes aux formes variées, bigarrées de vignes, de rochers et de bois, et qui finissent en se confondant dans la ligne bien prononcée de la chaine du monte Rotondo une des plus hautes des Alpes Corses, forment l'arrière plan.

La route descend, avec beaucoup de détours à travers des vignes, des vergers et des jardins et passe au-dessous du village de Calcatoggio dont l'aspect semble confirmer le vieux dicton :

Calcatoggio ! Calcatoggio !
Mala cena e peggio alloggio !

Ce qu'entendant, le maire de Casaglione, joyeux vieillard qui se tenait près de la voiture en mangeant des fèves crues avec "*gran gusto*," éprouva une grande joie de voir une personne étrangère connaître cet ancien distique local dans la langue du pays. Il lia immédiatement conversation et s'étendit avec éloquence sur la rareté comparative du gibier dans le temps présent, avec celui si abondant de l'époque de sa jeunesse, alors qu'il était un terrible chasseur. Il attribuait ce changement, d'abord à la destruction des *macchie* et ensuite à l'extension de la culture; mais surtout à la facilité avec laquelle tout gibier se vendait à Ajaccio, ajoutant qu'avant longtemps, les bergers auraient exterminé jusqu'au dernier oiseau. Si encore, ils pouvaient en faire autant des sauterelles qui, par millions, dévorent les récoltes ! mais hélas ! le vieux prêtre était mort et avec lui le secret qu'il possédait de détruire ces insectes destructeurs, sans même le secours de l'eau bénite. Il exerçait aussi son empire sur les corneilles ; il n'avait qu'à leur ordonner de quitter les fruits et d'aller à la mer, qu'elles obéissaient et qu'on n'en entendait plus parler.

On s'occupe en ce moment de l'ouverture d'une nouvelle route entre Calcatoggio et Vico. Elle passera par Sari, Ambiegna, Arbori etc. (1) De tous ces villages, Sari apparaît, selon l'usage, massé sur

(1) J'ai parcouru cette route qui est seulement ébauchée. Quoique le moment soit encore éloigné pour que la diligence y passe, elle est cependant charmante pour une petite voiture (1869).

I

le flanc de la montagne très-élevée au-dessus de la
plaine et appuyée au mont San Eliseo. Les habitants de Sari sont très-industrieux, ce qui a donné
lieu au proverbe suivant :

Non manca al Sarese intelletto e bracci, ma terreno.

Le peu de terres qu'ils possèdent doit être,
cependant, de bonne qualité ou tout au moins très-
propre à la culture de la vigne, car Sari est renommé pour ses vins.

Après avoir traversé la Liscia et sa fertile vallée,
la route, coupée à travers de belles murailles de
rochers qui dominent la mer, longe la côte, prend
de nouveau par la plaine et traverse la rivière du
Liamone dont la large vallée contenait une des
plus magnifiques récoltes d'orge qu'il soit possible
de voir dans aucun pays.

Le fort de Sagone est un talus couvert d'herbes,
orné de quelques canons démontés. Les travaux du
port se composent de cinq assises de granit le long
desquelles était amarré un bâteau pêcheur ; un
ressac des plus violents faisait rouler les vagues sur
le rivage sablonneux où fleurissait une des plus
jolies giroflées lilas que j'aie jamais vue. Il ne reste
aucune trace de l'ancienne ville aujourd'hui repré-
sentée par quelques maisons grandes, mais négli-
gées et malpropres.

A cet endroit la route se bifurque en deux parties
dont l'une se dirige par la côte vers Cargese et l'au-
tre(1) vers les montagnes, à Vico, en longeant pendant un certain temps le torrent appelé la Sagone. La
scène devient plus sauvage à mesure que le chemin
monte et les *macchie* varient en dimension et
en beauté ; mais, adieu les fleurs du laurier tin.
Quant aux Cyclamens pourprés, ils fleurissent
encore en masse, à l'ombre. De très-beaux châtaigniers et quelques vieux chênes s'élevaient dans la
partie du sol conquis sur les macchie ; la culture
était réellement en progrès.

Du côté opposé de la rivière, des villages perchés sur des rochers élevés, montrent qu'il existe
une population dans ces parages, pendant que
dans la vallée, tout près du lit du torrent de
Sagone, on voit un long et bas édifice aux tuiles
rouges, semblable à une grange, ainsi qu'un
second, en tout semblable au premier, mais plus
petit. C'est l'établissement des bains de Calda-
nelli. Il est très-fréquenté par la classe pauvre :
les eaux ont presque les mêmes propriétés que
celles de Guagno, et les dépenses ne s'élèvent,
par jour, qu'à dix sous, pour la chambre, le lit et

(1) Cette route a été ouverte sous la première république et pour le service de la marine de l'Etat, comme
chemin forestier devant desservir la forêt d'Aïtone.

le bain. Je crois qu'en dehors de ces trois choses, on ne puisse malheureusement se procurer quoi que ce soit.

La route, par son développement et ses longs détours, qui ne sont, au reste, que la conséquence naturelle de l'ascension d'une montagne, aboutit enfin au col St-Antoine, haut de 1,488 pieds et d'où l'on jouit d'une vue de la plus grande beauté. La chaîne splendide du monte Rotondo entoure une sorte de bassin formé par d'autres rochers escarpés, parmi lesquels on distingue le remarquable sommet du monte-Libbio qui semble un long mur de tours en ruines, défendant une tour centrale, qui affecte la forme d'une vieille femme encapuchonnée et qui est connue dans le pays sous le nom de " *la Sposata.* "

Au bas d'une pente rapide, la ville ou village de Vico occupe une position très en évidence. Son immense couvent, dont les murs sont blanchis à la chaux et où il y a une fontaine délicieuse, est très-agréablement situé sur la rampe opposée d'un talus épaissement boisé et au-dessus duquel on aperçoit le petit hameau de Nesa. Partant d'ici, le monte d'Oro se présente magnifiquement. Le couvent est, en été, la villégiature favorite des étrangers qui se divertissent sur des tapis de cyclamens, de violettes et de fraisiers, à l'ombre de l'épais feuillage des châtaigniers d'alentour. Peut-être aussi, l'excellence des fruits de ce jardin qui est en grand renom, est-elle pour quelque chose dans l'attraction qu'exerce le couvent en question.

L'extérieur de l'hôtel Pozzo di Borgo à Vico, amène d'abord le voyageur à penser qu'il a été calomnié ; mais hélas ! l'intérieur ne prouve que trop la mauvaise réputation dont il jouit, et qui est pour cette fois méritée. Cet hôtel est sale à l'excès et rappelle l'Italie d'autrefois. Rien qui indique une auberge, pas même une branche d'arbre. Selon l'habitude du pays, l'auberge est désignée par le nom de la famille qui la tient et qui en occupe toutes les meilleures chambres. L'extrême saleté de l'escalier me prépara un peu, pour ce que devaient être le plancher et les murailles ; les lits et les draps, cependant, étaient parfaitement blancs et le nombre extraordinaire de fenêtres brisées, formaient une ventilation salutaire. Quant au souper, pour l'honneur de la Corse, il convient d'en détailler la carte : un excellent potage, le bœuf bouilli, une fricassée de lièvre, un ragoût de volaille, un petit gigot de mouton rôti et un pudding, mais sans le moindre légume, composaient un ordinaire satisfaisant pour deux personnes. Le tout extrêmement bon ; la cuisine

propre à ravir et les plus brillantes casseroles
de cuivre, tout cela sous l'œil de l'active vieille
mère.

DE VICO AUX BAINS DE GUAGNO

13 kilomètres

De Vico aux bains de Guagno la route, alternativement, descend, monte et redescend. Le
pays est très-beau et richement boisé. On passe
le Liamone sur un vieux pont de pierre très-étroit,
le Ponte Belfiore, et on traverse le petit hameau
de Murzo où vit encore une femme agée de 110
ans, Angela Pietra, qui était la servante de
madame Bonaparte à l'époque où la famille
s'échappait de Milelli. Et bien qu'elle ait presque
complètement perdu la vue, elle n'en conserve pas
moins toute sa mémoire, pour vous parler de Napoléon I⁺ et de tous les malheurs du temps.

Une montée de six kilomètres nous amena à
la Bocca Sorro. De ce point, on jouit d'une très-
belle vue de la vallée et on aperçoit le toit en
tuiles rouges des bains de Guagno et l'hôpital
militaire. A gauche, on voit le village pittoresque
de Soccia et beaucoup au-dessus, la singulière

ligne de rochers appelée par les indigènes, "*l'Elpo di Buove.*" Plus loin, on voit le hameau de Poggiolo et le village plus considérable de Guagno que domine le Monte Tritore, montagne bien boisée et de forme conique, le tout encadré par la chaîne du Monte Rotondo et couvert en partie par la forêt de Libbio.

Le bâtiment des bains est très-vaste, mais délabré et fort mal entretenu ; les sources grandes, mais singulièrement sombres, et le réservoir, ou plutôt les trois réservoirs, sont sales et repoussants. La principale source sort d'un trou noir. Il est fort à regretter que des eaux si efficaces et si abondantes, ne soient pas soignées comme elles devraient l'être. Si tout l'établissement était dans des mains énergiques, il n'ya pas de doute qu'il ne serait très-fréquenté, tandis que dans les conditions actuelles peu d'Anglais, et même pas un, ne supporteraient ce manque de propreté dans le département de la cuisine, alors même qu'ils voudraient se soumettre aux prix.

On m'a dit aux bains, que j'étais tout près de la forêt de Valdoniello et que la promenade au lac de Nino était facile à faire à pied, tout en me faisant remarquer que l'on pouvait y pêcher d'excellentes truites. Les poissons doivent être fort bons, à ce que je crois. Quant à la prome-

nade à Valdoniello, elle demande quatre bonnes heures en partant de Soccia, village situé
beaucoup au-dessus des bains de Guagno, tandis
qu'il y en a quatre autres de bonne marche, du
lac à Valdoniello. En voiture, il faut faire le tour
par Vico et Evisa. La personne qui m'a fait connaitre les *vraies* distances, était un habitant de
Soccia, dont les études, pour devenir maître
d'école, auraient été entremêlées de nombreuses
écoles buissonnières jusqu'au moment où il s'est
cassé la jambe en tombant d'un cerisier et où la
longue maladie qui s'en suivit a mis fin pour lui
à toute ambition scolastique.

D'AJACCIO A VICO,

PAR PONTE-REGINA, VAL DI MEZZANA ET SARI.

62 kilomètres.

Cette route est la plus longue et de beaucoup
la plus belle ; mais elle ne sera jamais recommandée aux touristes, attendu que la première partie en
est raide et nullement bonne. En suivant la route
de Bastia, un peu au-delà du premier relai de
Ponte-Bonelli, et en tournant à gauche, se déve-
loppe une très jolie vallée boisée et bien cultivée ;

on traverse le Ponte Regina et on passe par les villages de Carcopino et Sarrola, où se trouvent quelques-uns des plus beaux châtaigners et chênes-verts qu'on puisse voir près d'Ajaccio. De cet endroit, on a une magnifique vue de la ville et du golfe qui se rencontrent sous un aspect plus favorable observés de ce côté, que de partout ailleurs. On aperçoit beaucoup plus distinctement que de la chaussée de la route de Bastia, toute la plaine de Campo dell'oro, les chaînes du monte d'Oro et du Renoso et les nombreux hameaux entourés d'une riche culture. Le val di Mezzana, magnifiquement abrité, semble, avec ses beaux arbres et son village pittoresque, une demeure des plus tentantes. L'eau y est, je crois, rare ; on ne la trouve qu'à la surface, et l'usage des puits n'a pas encore été adopté.

Après une très-longue montée par un mauvais chemin, nous atteignîmes la cime ou le col de Sarcoggio d'où l'on découvre le golfe de Sagone, les vallées de la Liscia et du Liamone et une partie des montagnes environnant ces vallées. Une descente rapide, par un chemin plus mauvais encore, nous amena à Ponte della Mucchiattina, sur la Liscia, qui n'est, en cet endroit, qu'un petit ruisseau. On rejoint alors, la nouvelle route de Calcatoggio à Vico, en passant par le gros village de Sari d'Orcino dont les maisons sont dispersées un peu dans tous les sens, et qui ne possède pas, actuellement, d'auberge. Pour compenser l'absence de vivres, les habitants cueillirent tout ce qu'ils purent trouver en fait de fleurs et nous les offrirent. Nous goutâmes, cependant, du vin de ce terroir si renommé.

L'amour du paysan Corse pour les fleurs, est extrême. Il en est presque de même dans les villes car, si vous vous promenez dans les rues d'Ajaccio avec un bouquet de fleurs sauvages à la main, vous serez suivi par une bande de gamins déguenillés qui vous en demanderont une — une seule, et si vous cédez, vous ne tarderez pas à vous trouver les mains vides. Le long de la route que suivait la voiture, les enfants apparaissaient, presque tous, armés d'une poignée de fleurs cueillies dans les champs ou dans les ravins, et qu'ils portaient avec autant de plaisir que pouvait le faire une débutante avec un bouquet de grand prix.

De Sari, la route continue en traversant des terres cultivées, des *macchie*, des chênes et des châtaigniers, en passant devant le village d'Ambiegna situé sur une hauteur. Le Liamoné coule dans la vallée inférieure que descend le chemin, jusqu'à ce qu'il traverse la rivière sur un très-beau pont d'une seule arche jeté par dessus les rochers. Ce pont est celui de la Truggia construit sous le règne de Louis XVI. Il a été, pendant de longues années,

le seul pont, élevé sur le Liamone, que l'on passait
à gué, près de la mer, pour se rendre à Sagone.
Les rochers, en cet endroit, sont très-escarpés et
de la plus grande beauté, et la rivière, qui en
divaguant forme un étang large et profond, est
renommée par l'excellente qualité de ses anguilles
qui atteignent, quelquefois, trois ou quatre pieds de
long. On y pêche, également, d'énormes truites délicieuses. La montée commence immédiatement sur
la rive opposée et vous met bientôt en face d'une
masse de rochers isolés et gigantesques, d'une
beauté particulière, ressemblant à un vieux château avec neuf tours en ruines, et s'élevant toutes
à pic au-dessus du Liamone, dont les eaux écumeu-
ses qui tournent brusquement à droite, sont rejoin-
tes, ensuite, par un autre torrent au-dessus du
Pont de Truggia.

Sur ces magnifiques rochers s'élevait, ancienne-
ment, le château du comte Jean-Paul Colonna de
Leca. On voit encore aujourd'hui, quelques restes de
maçonneries parmi les arbustes qui croissent partout où ils trouvent un peu de terre.

Cette route n'a pas encore été ouverte aux trans-
ports, quoique excellente et terminée depuis Sari.
Le sol était couvert de joli trèfle blanc, et en si grande
abondance, que la voiture semblait rouler sur la
pelouse la plus douce. Les éclaircies que nous ren-

contrions dans les magnifiques *macchie*, laissaient entrevoir la plus riche terre végétale. Une grande étendue de sol est usurpée, encore aujourd'hui, par des arbrisseaux inutiles, sans doute, mais délicieusement odorants. Cet état de chose redouble encore plus l'étonnement de ne pas voir les colons se disputer une terre qui promet de si abondantes récoltes.

Le village d'Arbori est entouré d'immenses bois de châtaigniers ; on a laissé à ces arbres leur forme naturelle, contrairement à ce qui se passe généralement, de sorte que les branches s'étendent pittoresquement dans toutes les directions. La belle et grande forêt de châtaigniers près du couvent de Vico, est magnifique ; la route la traverse, pendant quelque temps, sous un ombrage délicieux.

La ville de Vico, la vallée du Liamone au-dessous, le Ponte Belfiore, le hameau de Murzo, la route de Guagno et les rochers au-dessus de Soccia qui font partie de la chaîne du monte Rotondo, tout cela dominé par la ligne magnifique du monte Libbio ou la Sposata, se reposant tranquillement dans son isolement, forment un tableau de la plus grande beauté. Une fois le nouveau chemin de Calcatoggio à Sari achevé, les voyageurs qui se soucient de beaux paysages,

devraient prendre cette voie pour se rendre à
Vico en retournant ensuite par Sagone. Ce chemin, qui est de cinq kilomètres plus long que
l'autre, est cependant plus facile pour les chevaux. Quant à l'hôtel Pozzo di Borgo, il est
inutile d'en parler de nouveau.

D'AJACCIO AUX FORÊTS D'AITONE
ET DE VALDONIELLO.

81 kilomètres.

Deux routes mènent d'Ajaccio à Aïtone et à
Valdoniello : l'une par Cargèse et Porto, l'autre
par Vico. Je conseille cette dernière comme préférable et comme découvrant mieux le paysage ;
de sorte que, l'on fera mieux d'aller à Vico et de
revenir ensuite par Porto.

De Vico, la montée est très-longue et assez
raide par moments, elle domine les vues les plus
étendues et les plus splendides des montagnes et
des vallées environnantes. La route passe près du
village de Renno, situé d'une manière charmante
sur la partie cultivée de la colline et entouré de
quelques vieilles yeuses magnifiques, les plus

grandes que j'aie encore vues. Lorsqu'on a atteint le col de Sevi, haut de 3,672 pieds, la vue s'étend des montagnes du Coscione, par le monte Rotondo, jusqu'à l'Ile d'Asinara qu'on découvre pour la dernière fois sur la surface azurée de la Méditerranée.

La descente sur la très-étroite vallée de Porto, est de la plus exquise beauté. Les villages de Cristinacce et d'Evisa au-dessous, le chemin muletier qui conduit à la forêt de Valdoniello à droite, et les rochers magnifiquement escarpés au-dessus de Porto à gauche, composent le tableau que compléte un premier plan, des plus variés, de granit et de splendides chênes-verts. En descendant, on aperçoit la petite baie de Porto qui semble située immédiatement au-dessous du village d'Evisa, bien que la distance qui les sépare par la route, soit de vingt-deux kilomètres. Il serait difficile d'imaginer une plus belle ou plus pittoresque ligne de rochers dénudés, que ceux qui sont au-dessus de la baie de Porto-Firruletto et Capo dei Signori, ainsi appelés parce qu'autrefois il existait, sur ces hauteurs, un château appartenant aux comtes Renucci, et dont les traces sont encore visibles.

En continuant à descendre la route qui serpente l'étroite vallée d'Evisa, on découvre le joli hameau de Marignana sur la rive opposée. (1)

Evisa, ne possède pas, à proprement parler, un hôtel, car M. Carrara, qui reçoit les voyageurs, exige un certain respect de la part de ses hôtes. Mais, tous ceux qui ont leur entrée ne peuvent qu'être charmés du confortable et de la propreté de la maison qu'il est question, heureusement, d'agrandir.

Rien ne saurait surpasser la courtoisie et l'attention de mon digne hôte et de sa famille qui me servirent, dans un excellent dîner, de magnifiques truites prises dans la rivière voisine *"le Porto"* où la pêche est abondante, des champignons d'une qualité excellente et du délicieux mouton de montagne.

Evisa est à 2,765 pieds au-dessus du niveau de la mer et jouit du meilleur air. Mais il n'existe pas d'ombre et je doute que, pour le moment, on puisse, en été, se procurer de l'eau en quantité suffisante. Ajoutons que l'on a paré à cet inconvénient en amenant dans la fontaine du village, la source abondante de Carchetto qui sort de la forêt d'Aïtone.

Valdoniello ou *"Forêt noire"* est à dix-sept kilomètres d'Evisa. La route qui y conduit, monte

---

(1) On y fait des paniers très-jolis et commodes, de toutes les formes et de toutes les dimensions.

graduellement en passant par la forêt d'Aïtone, dans laquelle on pénétre peu de temps après avoir quitté le village.

Le *Hand-Book* prétend que la forêt d'Aïtone est la plus grande de la Corse ; c'est une erreur, puisqu'il y en a dix-sept plus grandes. — Cagna qui couvre les montagnes du centre de l'Ile, entre Sartene et Bonifacio, est la plus étendue et ne mesure pas moins de 4780 hectares ; Valdoniello, qui vient immédiatement après, en compte 4647, tandis qu'Aïtone n'en compte que 1716. Aïtone est composé d'un mélange de Pin Lariccio, de hêtres et de ces très-gracieux arbres, la grande *Abies pectinata* ou *Balsamica*. Des expériences faites à Toulon, il résulte que le bois de hêtre de la Corse est d'aussi bonne qualité que celui qu'on exporte d'Italie ou des Pyrénées.

A la maison des ponts et chaussées, à Catagnone, gisait sur le bord de la route, un magnifique échantillon de pin Lariccio. Il mesurait 150 pieds de long et sa circonférence, à la cime, en mesurait quatre.

La route ne cesse pas de serpenter à travers la forêt, mais le coup d'œil est très-borné par les masses épaisses du feuillage qui ne laissent entrevoir que par instant, les magnifiques rochers de Porto.

La Bocca di Vergio, qui est le point culminant de la route, est élevée de 4,788 pieds au-dessus du niveau de la mer. Là aussi, la vue est limitée par une quantité de jeunes bouleaux ; mais elle embrasse beaucoup plus d'espace lorsqu'on a atteint une sorte de plateau sur la descente, lequel domine la plus grande partie de la vallée du Niolo, la plus élevée des vallées de la Corse et qu'on appelle, quelque fois, la citadelle de l'Ile ; mais la terre paraissait moins attrayante et plus stérile que partout ailleurs. Les montagnes n'étaient revêtues que de quelques *macchie*, au milieu desquelles on remarquait le hameau d'Albertaccie, ainsi que l'Eglise de Calacuccia qui était le seul édifice qu'on pût distinguer.

Calacuccia, est regardé comme la capitale du Niolo. C'est là que, le 8 septembre, se tient la plus grande foire aux bestiaux de l'Ile. A l'extrémité de la vallée s'élèvent les montagnes situées au-dessus de Ponte Francardo, sur la route d'Ajaccio à Bastia. De ce point, un chemin, en cours d'exécution, rejoindra celui qui existe aujourd'hui, lequel se termine au sortir de la forêt et à l'entrée de la vallée.

Les seuls moyens de communication avec Ponte Francardo sont, aujourd'hui, un sentier pour mulets, qui n'est pas toujours bon, même pour ces animaux ; la *scala di Santa Regina* qui fait partie de ce sentier est, dit-on, un véritable escalier taillé dans le roc. Pendant cinq ans, les habitants du Niolo employèrent un Italien à replacer les pierres et la terre, et à entretenir ces passages en bon état. On payait cet homme en vivres, qu'il venait quérir chaque samedi.

La rivière du Golo, à laquelle se mêle le torrent du Valdoniello, coule au milieu du pays de Niolo.

La forêt de Valdoniello, telle qu'on l'aperçoit de ce plateau, est certainement d'une beauté grandiose. La configuration du sol se présente de manière à donner une idée de sa magnifique étendue. A droite, on a la chaine des montagnes de Campotile avec le pic conique de Monte Artica, au-dessous duquel s'étend une profonde cavité où gît le lac d'Ino. A gauche de la vallée du Niolo, s'élève le Monte Cinto. Le Paglia Orba, qu'on a longtemps considéré comme le plus haut de la Corse, se dresse comme une tour au-dessus d'une énorme crête de rocs aigus, se terminant dans la ligne escarpée du Monte Tafonata. Le Golo prend sa source dans la gorge située au pied de cette montagne, où l'épaisse masse des arbres était, jusqu'alors, restée intacte. Puisse-t-il en être longtemps ainsi !

Les routes forestières n'ayant été ouvertes que

pour favoriser l'exploitation des bois, on doit naturellement s'attendre à ce que les forêts aillent *decrescendo* ; mais celui qui se soucie de l'avenir doit regretter cette disposition trop exclusive à ne s'occuper que du bénéfice immédiat. On n'a devant les yeux, qu'une immense scène de destruction. En principe, on laisse quelques arbres debout, de distance en distance, afin que leurs graines puissent repeupler le sol dépouillé; mais de fait, les arbres ainsi respectés, ne sont que de simples bâtons que le premier coup de vent doit renverser, et l'épaisse couche de copeaux et de branches mortes qui est entassée sur le sol, ne laisse que peu d'espoir de voir pousser aucune jeune plante, sans compter que, par endroit, mes yeux d'Anglais ont pu me convaincre, qu'il n'existait pas, même les sus-dits bâtons, là, où de vrais arbres devaient demeurer debout.

L'intensité de la circulation qui, durant l'été, a lieu nuit et jour sans interruption, et l'énorme poids des arbres gigantesques couchés sur de grands charriots que traînent des mules dont le nombre varie de cinq à vingt, sillonnent, naturellement, la route d'ornières profondes, et il me semble que les six à huit *cantonniers* qui travaillaient (ou bavardaient) ensemble auraient été mieux employés et auraient fait plus de besogne, si on les avait divisés par paire, en leur donnant des creux à combler dans différents endroits. Il me semble encore que, pour un département français, les autorités étaient moins soucieuses sur ce chapitre, qu'elles ne le sont généralement ailleurs. Ce sont les malheureuses mules, d'ailleurs, qui ont le plus à souffrir de cet état de choses : leur fardeau étant d'autant plus pénible à traîner.

Une descente de sept kilomètres nous conduisit à un groupe de maisons construites en bas, appartenant à M. de Chauton et qui sont toutes placées sous le contrôle de son agent, M. Ruelle, par qui je fus très-cordialement accueillie. Mais rien ne pouvait me faire oublier la mort à laquelle étaient condamnés des arbres aussi magnifiques. M. de Chauton exploite sur une très-grande échelle et tout est dans le meilleur ordre sous l'admirable direction de M. et de Mme Ruelle dont les pigeons français, soit dit en passant, ne sont en aucune manière respectés par les éperviers corses.

Outre le transport des bois de construction, on fait un grand commerce de térébenthine, de goudron et de résine. L'écorce de ces pauvres arbres est soumise à des entailles profondes, afin de livrer passage à la sève que l'on recueille, au pied du tronc, dans des jattes de terre, dans lesquelles il ressemble au miel le plus blanc et le plus délicieux. Le bois, paraît-il, dure plus longtemps lorsque le sève en a été ainsi extraite. Dans tous les cas on le travaille plus facilement.

Par suite de l'épaisseur extraordinaire de la couche de neige de cet hiver, les charriots n'ont pu commencer à transporter les bois de construction à Porto, que le 20 mai; ordinairement les routes sont libres dès le 5 avril. La charge moyenne est de quatre mètres cubes et le prix de transport de 16 francs par mètre cube. Il est un arbre énorme mesurant 11 mètres cubes (1) qui attend toujours pour être transporté au rivage et dont aucun char·rettier ne consentirait à se charger. Une tentative pour le hisser sur deux chars liés l'un à l'autre et offrant quatre roues au lieu de deux, n'a eu d'autre effet que de briser les deux véhicules. Aussi, depuis cette époque, même par l'appât d'une prime de deux ou trois cents francs, n'a-t-on pu obtenir une nouvelle épreuve.

Cet arbre, à Gênes, serait, selon toute probabilité, vendu 2,000 francs ; le prix s'élevant proportionnellement à la hauteur et à la largeur. Le propriétaire d'une forêt qui la vend sur pied, touche,

____

(1) Il en est, m'a-t-on dit, qui atteignent jusqu'à 15 mètres cubes.

cependant, une somme qui ne varie pas pour chaque arbre enlevé.

La route se prolonge de huit kilomètres au delà du village et, lorsqu'on a traversé le torrent de Valdoniello, (que quelques-uns appellent encore le Golo) l'œil cesse d'être attristé par le spectacle horrible d'une forêt en coupe réglée. La forêt apparait dans toute sa magnificence naturelle, et cela jusqu'à ce qu'on la quitte. Il est difficile de rencontrer une scène plus véritablement champêtre. Quant à la décrire, c'est ce que l'on ne pourra jamais. Aussi, le seul avis qu'on puisse donner, est d'accourir de tous les pays et de juger par soi-même.

La main de l'homme a produit, là aussi, ses ravages ordinaires. Quelques-uns des plus grands arbres ont été détruits par le feu allumé par des bergers ou plus exactement des chèvriers d'autrefois. Leur énorme tronc n'est qu'à moitié brûlé, et la masse de la forêt n'a échappé à l'incendie que par l'effet d'un miracle.

J'ai mesuré une de ces victimes incendiées. La moitié, sur laquelle l'action du feu était visible, avait exactement douze pieds de circonférence. Les branches, heureusement, étaient situées trop haut pour être atteintes par les flammes, et le sommet de l'arbre paraissait aussi vigoureux que si le tronc n'avait pas été à moitié détruit.

Comme je désirais particulièrement voir les deux souverains de la forêt, connus par les paysans du district sous le nom de « *le Roi* et *la Reine*, » M. Ruelle me donna pour guide un Niolin très-intelligent, Angelo Albertini, d'Albertaccie. En quittant la voiture au pont qui traverse le Valdoniello, nous nous enfonçâmes dans la forêt et nous arrivâmes, après avoir bien grimpé et avoir fait maints détours sous un ombrage délicieux, à une clairière escarpée, disposée de façon à offrir à nos yeux un certain nombre de ces incomparables *Pins Lariccio*, n'ayant pas encore vu le contact des Goths ou des Vandales. Aussi, qu'ils étaient grandioses !

Nous atteignîmes enfin la *Reine* ; et comme telle, elle le paraissait réellement par son magnifique tronc en ligne droite, qui dominait la multitude d'arbres des environs. On ne saurait demander, au monde des forêts, rien de plus parfait que ce superbe type du pin de Corse. Puisse-t-il rester longtemps debout, pour réjouir le voyageur qui se mettra à sa recherche.

Angelo, appréciait pleinement sa beauté et l'admiration sincère qu'il excitait ; c'est avec la meilleure volonté qu'il m'aida à le mesurer : sa circonférence a vingt-deux pieds et demi ; quant à la hauteur du tronc, depuis les racines jusqu'aux premières branches, impossible de la mesurer autrement que par la vue ; quoi qu'il en soit, elle paraissait immense !

Sa majesté le Roi étant plus avant dans la forêt que la Reine, est le dernier qu'on visite. Je le savais mort, mais sans avoir aucune idée de la manière cruelle dont il avait été frappé. Ce n'était qu'une masse gigantesque de bois charbonné, brûlé de la racine à la hauteur où commencent les branches; c'est à peine s'il avait conservé quelques fragments de ces dernières. Même dans cet état, cet énorme tronc paraissait grandiose et massif ! Il restera ainsi pendant des siècles car, par bonheur, il ne vaut pas la peine d'être abattu. La circonférence mesure encore aujourd'hui, vingt et un pieds et demi, bien que plusieurs morceaux de bois aient été détruits par le feu ou la serpe. A son pied, croissait la jolie petite violette jaune tachetée de noir, la première que j'aie encore trouvée dans ce pays.

La distance du pont de Valdoniello à ces Majestés de la forêt qui, au dire des habitants, serait d'un quart d'heure, n'est pas plus d'une heure.

Au retour nous vîmes plusieurs des chaînes de ces chenilles terriblement destructives dites *" Bombyx processionis "* et dont la voracité menace d'extirper la forêt entière, à moins qu'on ne découvre un moyen de les détruire. Des branches, pendaient des sacs de matière blanche ressemblant à de la mousseline et contenant par milliers de ces larves qui, après un certain temps, descendent à terre et se rangent, sur une seule ligne, les uns à la suite des autres. Si, en franchissant un talus escarpé, l'une perd l'équilibre et vient à rouler au bas de la pente, la plus proche se porte immédiatement en avant et reforme la ligne. Les processions que je vis ne dépassaient pas, certainement, plusieurs mètres; mais, sur les deux, la dernière devait s'étendre encore assez loin dans les broussailles. On me dit que ces chenilles ont été observées près de Cannes, où une chaîne de près d'un mille s'est perdue dans le sable. Elles sont hideuses, d'un brun verdâtre et d'un volume considérable. Aussi, n'y a-t-il pas lieu de s'étonner que les jeunes pins soient dépouillés de leurs feuilles et que beaucoup d'arbres arrivés à leur taille, soient rongés à la cime et mourants. Le gouvernement français avait d'abord pris des mesures pour amener leur destruction ; mais les frais étaient énormes et il dut y renoncer. Se rappelle-t-on cependant ce vieil adage anglais : *Penny wise and ponnd foolish*. (1) Si ces millions de chenilles

(1) Soignez les sous et perdez l'or.

dévorantes vont en augmentant, restera-t-il un seul arbre aux gouvernements qui viendront plus tard ? D'après Angelo toutes ces chenilles meurent le 24 juin et on ne les revoit plus : ce qui veut dire qu'à cette époque, elles s'enfouissent dans le sol et se changent en " *oripolides.* " Je crois que, finalement, elles donnent naissance à une humble teigne brune. Angelo me raconta aussi que, lorsqu'on est piqué ou mordu par un de ces bombices, non seulement la douleur est excessive, mais la chair s'enfle immédiatement dans la proportion d'un œuf de pigeon.

Comme physionomie, mon guide ressemblait beaucoup plus à un Saxon qu'à un Corse : des cheveux blonds bouclés et des yeux bleus. Il me dit que toute sa famille lui ressemblait sur ce point, mais qu'ils étaient seuls à jouir de cet extérieur blond. Son habillement était fait de drap corse. Ce drap, comme on le sait, est tissu de laine de brebis et moins épais que le *pelone* qui est fait avec de la laine de chèvres.

La tête était coiffée d'une espèce de bonnet phrygien, couleur marron, affectant la forme d'un bonnet de nuit, et que l'on appelle en Corse " *barrettino.* " Cet habillement, comme on le voit, semble plus approprié à un climat froid qu'à un pays chaud. Il était employé à Valdoniello à recueillir la térébenthine, et si, comme je l'espère, je peux explorer, l'année prochaine, et plus en détail, la partie de la forêt restée intacte, je ne prendrais pas d'autre guide, car il paraît très-bien la connaître.

En revenant à Evisa, nous rencontrâmes une famille de Niolins en route pour Casamaccioli, venant de la côte de Girolata, où ils avaient trouvé un emploi pendant l'hiver. Le chef de la petite caravane était un beau vieillard à épaisse barbe grise, un bonnet phrygien sur la tête et un *pelone* jeté sur une de ses épaules ; il était monté sur un vigoureux petit bœuf blanc et noir, sans selle aucune, et sans même un licou. Derrière, venaient trois autres bœufs et une vache, deux mules chargées d'effets de toute nature et un âne portant toute espèce de choses, y compris un petit chaudron dans lequel était lié le chat. Deux hommes et deux femmes marchaient au milieu de ces bêtes ; l'habillement des femmes conservait encore quelques légères traces du costume national : jupe et corsage ne formant qu'un seul vêtement, d'un drap épais, sans manches. Ces dernières sont blanches et amples, et ressemblent, quelque peu, à celles des paysannes du canton de Berne, en Suisse. Il paraît que lorsqu'elles sont en grande toilette, ces manches et la collerette sont richement brodées. Leur coiffure, mouchoir tourné, d'une manière touteparticu lière, autour de la tête, était surmontée du large et épais chapeau de paille que portent habituellement les femmes.

Les rochers qui dominent Porto semblaient, alors, encore plus magnifiques, colorés qu'ils étaient, par le rouge plus vif du soleil couchant. Le village de Marignana, qui fait face à Evisa, ajoutait beaucoup au charme de la vue, pendant que l'aimable accueil de M. Carrara, ses champignons, ses truites et son *broccio*, démontraient à l'évidence, qu'il n'y avait pas à craindre de mourir de faim en Corse.

Impossible de trouver une route mieux construite que celle qui va à Porto, en descendant par l'étroite gorge rocheuse de la rivière de même nom. Une descente continue de vingt deux kilomètres, est dominée par de magnifiques blocs de rochers et bordée de précipices. La rivière coule au fond, si bien que, par moments, on la perd de vue. Çà et là, les traces de l'ancien chemin muletier.

Un des œillets-giroflées sauvages, les plus puissamment odorants que j'ai jamais rencontrés croissait, ainsi qu'une infinité d'autres fleurs, dans les fentes de ces rochers.

Une bonne raison pour laquelle il vaut mieux descendre d'Evisa à Porto, que de monter de Porto à Evisa, est que, les charriots chargés de bois descendent avec leur lourd fardeau et que, pendant la montée, si le voyageur venait à rencontrer quatre ou cinq de ces véhicules, il pourrait arriver qu'on se trouvât dans l'impossibilité d'avancer ou de reculer.

Le village d'Ota occupe une jolie position sur la pente escarpée de la montagne qui s'élève de l'autre côté de la rivière. Un bloc de rocher le domine ; il ressemble de loin à une tour et détruirait infailliblement tout ce qui est au-dessous de lui si, jamais, il venait à se détacher.

Le sol des environs d'Ota est particulièrement favorable à la culture du cédrat, qui réussit aussi complètement qu'au cap Corse. Avec cet avantage qu'ici, il ne demande aucune protection pendant l'hiver. Il suffit d'introduire dans la terre une branche de ce citronnier, d'une espèce particulière, pour qu'il prenne racine immédiatement et devienne un arbre donnant du fruit après trois ans. Je crois, en vérité, que la fertilité du sol de la Corse, en général, est tellement grande, que si vous plantiez un manche à balai il pousserait!

Tous les rocs, sur la rive opposée de la rivière, ont des noms particuliers qui les distinguent les uns des autres. En voici quelques-uns : *La cresta a Felge, Scaletta al salto, Capo serrato, Marco gio-*

vannaja, *la presa-vecchia*, *Linta negra* (à cet endroit est un petit cours d'eau qui est toujours noir) *Valdarone, Papoletta, Furnacciole, Giargiola, Capo alle Manorella, Giovannaccia, Bocca a Cascio et Capo Rosso*.

Le pont de l'Onda est jeté à côté et au-dessous d'une très-jolie cascade qui se précipite dans un trou profond que l'on dirait creusé dans un rocher. Ce trou, est déclaré ne pas pouvoir se sonder, par les vieilles femmes du pays, qui le regardent comme l'ouvrage d'un démon. Aussi, ces vénérables dames, entendent-elles fréquemment ses gémissements. Très-haut, au-dessus de la cascade, il y a, parait-il, des masses d'arbustes et quelques rochers magnifiques, surmontés de pics escarpés, s'élevant avec beaucoup de majesté vers le ciel. Ils font partie du Capo dei Signori, qui devaient faire une course des plus rudes pour se rendre à leur chateau; mais une vue splendide une fois là.

La rivière de Porto parait pleine de truites, et je crois que la pêche y est excellente. Il existe dans le lit de cette rivière, juste au-dessous du pont, des rochers qui, sous l'action de l'eau ont pris les formes les plus singulières : il y en a un autre qui représente, de la manière la plus exacte, un cheval de trait avec ses harnais, collier etc., enfin l'illusion est aussi complète que possible.

Porto, autrefois petit village assez commerçant, est maintenant réduit à quelques maisons. On y voit les restes d'une grande tour carrée dressée sur le curieux rocher conique qui garde son petit port, et où l'on embarque les arbres d'Aïtone et de Valdoniello. Les moulins, forges, etc., de **M.** de Chauton, sont tous à un demi mille sur cette côte; j'y fus reçue, très-hospitalièrement, par son agent **M.** Ceccaldi, et sa femme.

Deux beaux jeunes aiglons venaient, justement, d'être capturés sur les rochers qui dominent la mer, le long du nouveau chemin de Calvi. Un jeune gars, qui s'était fait descendre avec des cordes, s'était emparé des aiglons dans leur nid, après avoir vu le père et la mère s'envoler vers la forêt voisine.

La route de Porto à Calvi, longue de 82 kilomètres, n'est pas encore achevée, mais le sera, très-problablement, d'ici à deux ans. (1)

Je m'engageai dans cette nouvelle voie, l'espace d'environ quatres milles, afin de voir les magnifiques précipices d'Aja Campana qui la bordent et qui tombent perpendiculairement dans la mer, en me rappelant, forcément, l'ancien sentier pour

(1) Elle est terminée et carrossable en ce moment. *(Note de l'auteur — 1872.)*

mulets, de la corniche, de Gênes à Nice, avant que
sa beauté admirable ait été détruite par la mine.

Le cap de la Scopa, avec ses pics en forme de
cône, fait un très-joli encadrement au golfe et la
forêt de Filosorma (1) qui couvre les flancs des
montagnes lointaines, orne la scène, pendant que
la nouvelle route dont il est question plus haut,
s'offre aux regards, sur une longueur de plusieurs
milles. On trouve de la houille au cap d'Osani,
un des promontoires qui mènent à la Scopa ; mais
le filon n'a pas été suffisamment recherché pour
permettre au propriétaire de décider si, oui ou non,
il vaut la peine d'être exploité. Ici encore, il serait
bon de voir un peu comment l'énergie et la persé-
vérance de la race Anglo-saxonne viendraient à
bout de ces recherches.

Le granit, d'un rouge vif, est de toute beauté,
et les formes grotesques que prennent les galets
leur donne un aspect singulier. Je trouvai parmi
eux, le long d'un très-petit cours d'eau, la belle
bruyère rouge dite bruyère de Corse, que je voyais
pour la première fois dans l'Ile.

Porto, paraît-il, est très-insalubre en été. Cette
époque de l'année, engendre infailliblement la
malaria provenant de marais d'une nouvelle espèce,

____

(1) Cette partie de la forêt de Filosorma s'appelle plus
exactement : forêt de Perticato.

formés par la stagnation des eaux de la rivière qui n'a pas d'écoulement.

La Corse a été longtemps mal famée, sous le double rapport de l'air et des bandits.

DE PORTO A AJACCIO.

82 kilomètres.

La route de Porto à la Piana n'est terminée que depuis trois ans. Ce n'est pas, seulement, une œuvre qui fait le plus grand honneur à l'Ingénieur qui l'a ouverte ; mais une des plus belles promenades qu'on puisse voir dans aucun pays, et une visite à cette très-charmante Ile ne serait pas complète, sans une excursion à Porto. Un hôtel confortable qui s'établirait en cet endroit, ferait une concurrence désastreuse à tous ceux qui peuvent exister sur la Riviera.

La belle cime, en forme de cône, du Capo dei Signori, qui s'élève solitairement dans les nues, rappelle l'aiguille de Dru dans la vallée de Chamounix, et comme la route monte graduellement au milieu de la plus magnifique forêt d'Arbousiers, de myrthes et autres *macchie*, toute cette scène est d'une beauté indescriptible, à laquelle venait s'ajouter encore, la délicieuse fraîcheur du matin.

K

En face du Capo dei Signori dominant de très-haut la rivière, mais perdu dans les masses épaisses d'arbres toujours verts, sont les ruines du château de la Zurlina où, me dit-on, se voit encore un passage étroit, pavé de briques en porcelaine.

La montée qui continue doucement, offrait des vues charmantes de la partie de la côte qui avoisine Calvi. La variété des petites criques baignées par la mer avec, çà et là, une voile dans l'éloignement, les rochers qui affectent un aspect plus pittoresque et plus bizarre que partout ailleurs et dont le ton vif contraste puissamment avec les différents verts des *macchie*, composent un tableau des plus riants.

Tout le paysage compris entre le col de Campo di Bue et de Bocca dei Pini, et le ravin de Grossa Gamba, dépasse toute description. De chaque côté de la route, l'œil découvre quelque nouvelle beauté sur laquelle il s'arrête avec délices. Quant aux formes grotesques des rochers, il faut les avoir vus pour s'en faire une idée.

A la Bocca dei Pini s'élèvent quelques pins qui font partie de la petite forêt de Piana ; près du col Geneparo, sur la droite, sont les ruines du château des Colonna di Leca. Ce site est un des plus grandioses qu'on puisse imaginer ; il s'élève hardiment au-dessus de la mer, entouré et protégé par de magnifiques créneaux naturels, et d'où l'on découvre une vue splendide de la côte, au delà du golfe de Girolata. Il existe, en cet endroit, une source d'eau douce des plus abondantes. Les environs sont très-giboyeux et l'on trouverait difficilement un meilleur emplacement pour planter une tente, pour quelques semaines, au printemps.

Il y a dix ans environ, on trouva dans ces ruines une bague en or massif et d'autres bijoux. La bague est aujourd'hui en possession de l'ex-maire de Piana.

A gauche, l'œil en pénétrant dans le lointain, aperçoit des montagnes richement boisées, embrasse des vallées sombres jusqu'à être lugubres et se perd dans les premiers arbres de la forêt de Piana. Ce spectacle, plus beau qu'un rêve, réalisait vivement le caractère d'une toile de Salvator Rosa; mais les voyageurs qui peuvent se rendre eux-mêmes sur les lieux, doivent le faire car, quelque puissamment impressionné qu'on ait été, cette scène ne saurait être aisément décrite.

Le village de Piana, avec une belle vue de la mer, est délicieusement situé. Lorsque le temps est très-clair, m'a-t-on dit, on peut apercevoir Antibes. Si ce village possédait une bonne auberge il serait, sans nul doute, très-fréquenté. Ses environs sont de la plus grande beauté ; on y trouverait de l'amusement pour plusieurs jours et la petite *marina de Ficajola*, sur le rivage, y ajouterait les agréments des promenades en bateau et de la pêche. L'apparence robuste de toutes les vignes d'alentour promettait une excellente récolte. Quant au *broccio*, impossible d'en trouver de meilleur : *veramente capruno.*

A partir du col Lavo, point culminant de la route, élevé de 1,620 pieds, le pays change brusquement d'aspect. Les rochers magnifiques deviennent des hauteurs désséchées et arides, à peine revêtues de quelques rares cistes ; l'herbe, aussi jaune que le sol où elle essaye de pousser. Nonobstant, une partie considérable du terrain est planté d'orge, principalement, et de lin, celui-ci en plus petite quantité.

La route qui, comme d'habitude, monte et descend, laisse découvrir, çà et là, des vues de la mer tout en amenant le voyageur au pont jeté sur le Chioni, torrent avec passablement d'eau et dont la vallée, de la plus grande fertilité, est couverte de moissons magnifiques.

Par sa position, le village de Cargèse, ne se découvre, pour ainsi dire, qu'en y pénétrant. Il est, en effet, situé au pied d'une colline qui

parait s'abaisser vers la mer, lorsqu'on l'aperçoit de la chapelle de St-Sébastien, en allant
d'Ajaccio à Vico.

Cargèse est habité, principalement, par les des-
cendants d'une colonie grecque ; ils ne se marient
plus entre eux comme autrefois : la jeune *et belle*
maîtresse de l'auberge était de race *latine*, de la
Piana, quoiqúe son mari fut grec. Dans la rue, se
voyait un prêtre du meilleur air, avec une barbe
magnifique, mais dont le costume ne différait en
aucun point de celui de ses frères les latins. Dans
l'intérieur de l'auberge où nous descendîmes,
aucune amélioration, au point de vue de la propreté, beaucoup moins de vivres et encore plus à
payer. On m'offrit une tourterelle sauvage pour
déjeuner ; ayant accepté, le volatile fut immédiatement porté à la fenêtre et plumé ; les plumes s'envo-
laient au gré du vent à travers la rue.

On construit une nouvelle église grecque. Je ne
puis pas dire que Cargèse ait un charme quelcon-
que, aussi, je continuai à poursuivre ma route. (1)

Le chemin cotoie presque toujours la mer, passe
au pied de deux tours, en sentinelle, élevées par les

(1) Si l'on couche à Cargèse il vaut la peine de se trouver
au pied de la tour située à l'Ouest du village vers la mer,
quelques instants avant le lever du soleil. Les effets de
lumière sont très-beaux.

Génois contre les Sarrasins, et traverse la rivière " *la Sagone* " sur un pont de bois. Nous reprîmes alors la route impériale, déjà connue, qui va de Vico à Ajaccio.

Tous les voyageurs qui désirent faire cette excursion confortablement, doivent avoir la précaution d'envoyer, la veille, des chevaux à Sagone ; quitter Ajaccio à six heures du matin ; changer de chevaux à Sagone (32 kilomètres) et gagner " *Vico le non lavé* " pour déjeuner. De là à Evisa, (vingt-un kilomètres) pour dîner et dormir ; quitter Evisa à six heures et atteindre Valdoniello dans la matinée. Arrivé là, on pourra séjourner jusqu'à quatre heures de l'après-midi pour visiter la forêt et retourner ensuite à Evisa pour coucher. Quitter Evisa à quatre heures du matin afin de s'assurer, pour la montée de la Piana, la rosée et la fraîcheur délicieuse du matin ; déjeuner à Cargèse, reprendre le relai à Sagone et atteindre Ajaccio, à 8 heures, dans la soirée. Il est facile d'aller d'Evisa à la Piana et d'abréger ainsi les fatigues de la dernière journée ; (1) mais je crois qu'en cet endroit l'auberge est détestable.

(1) Dans ce cas il n'est pas besoin de garder le relai de Sagone.

FÊTE DE St. PANCRACE A AJACCIO.

Les 12, 13 et 14 mai, sont les trois jours de la foire de St Pancrace à Ajaccio ; mais une foire en Corse et une foire en Angleterre sont deux choses bien différentes : ni spectacles, ni cabarets ambulants, ni tumulte, ni ivrognerie, ni escamoteur ou " *Aunt-Sally*" et il faut beaucoup de perspicacité pour découvrir en quoi ces jours diffèrent des autres jours de l'année. La Place du Marché était moins peuplée que les jours de marché, et le changement de costumes nationaux, auquel je m'étais attendue, n'eut pas lieu.

Le drap corse, dont se compose l'habillement du paysan, se fabrique dans l'arrondissement d'Ajaccio et dans le Niolo. C'est une espèce d'étoffe des plus grossières et des plus épaisses dont sont faits les effets ordinaires et les *pelone* des bergers ; il se mesure à la *mazza* (1) et se vend 5 francs l'une. La laine noire varie de seize à vingt sous la livre, y compris la poussière, car on la vend sans l'avoir lavée.

Dans l'après-midi de chacun de ces trois jours, ont lieu des courses de chevaux d'un caractère tout-à-fait local et pleines d'instruction pour un étranger. Pour champ de course, le cours Grandval,

(1) La *mazza* vaut 1ᵐ 25ᶜ.

à cette époque le plus raboteux des chemins, à cause de sa récente ouverture avec, çà et là, quelques fragments de granit.

Quoique ce boulevard fut d'une largeur suffisante pour les voitures, il n'en était pas moins étroit pour permettre, à plus de trois chevaux, de prendre leur élan ; de telle sorte que les cinq chevaux amenés, selon l'usage, jusqu'à la ligne coupant la route et servant de point de départ, partent rarement ensemble, lorsque le signal est donné en frappant des mains. Le terrain des courses était gardé par un cordon, assez régulier, de soldats français dont les brillants uniformes ajoutaient beaucoup à la gaité de la scène et qui se mêlaient fraternellement à la foule pour suivre le résultat de la course. Avant le départ un tambour bat aux champs. Le point d'arrivée est une ligne tracée en travers de la chaussée et semblable à celle qui servait de point de départ. Une estrade, décorée avec soin, avait été élevée, des deux côtés de la route, pour les juges et les dames ; les drapeaux tricolores flottaient dans toutes les directions.

La manière de monter des *jockeys*, au moment où ils passèrent au galop, était plaisante et nouvelle pour des yeux Anglais. Des cinq cavaliers, trois tenaient bravement la crinière pendant que leurs jambes battaient avec violence les flancs de leur monture. Il est bon de faire remarquer qu'ils montaient sans selle aucune et qu'ils se tenaient à cheval aussi bien que s'ils en avaient une. Ils avaient, cependant, des brides, et des rubans aux joyeuses couleurs courraient dans la crinière de leurs chevaux, dont les longues mèches, réunies en un seul nœud, se terminaient par d'autres bouts de rubans assez semblables aux ceintures des dames à la mode.

Le costume du *jockey* qui remporta le premier prix, se composait ainsi : il était coiffé d'un brillant fez rouge, placé sur le sommet d'une tête bouclée, avec un gland bleu d'une longueur démesurée, flottant au vent ; une chemise de flanelle pourpre, à la Garibaldi, serrée autour de la taille par une ceinture de couleur rouge. De larges pantalons bruns entraient dans une vieille paire de bottes de la Hesse, ornée d'éperons rouillés. Ce jeune garçon, qui se cramponne comme un singe, est le *jockey* par excellence. Les courses finies, il passa, au trot, sous mes fenêtres, avec son billet de vainqueur dans la bouche, et à genoux sur le dos du cheval.

L'habillement des autres coureurs était infiniment moins imposant ; mais l'antiquité d'une paire de bottes à revers donnait à supposer qu'elle avait appartenu à Boswell.

L'objet de ces courses est d'améliorer la race des

poneys du pays. On n'admet au concours que les chevaux nés en Corse ; mais on ne prête aucune attention à la taille, et un cheval haut de plus de seize
mains, court avec une foule de sujets infiniment
plus petits. Un poney de treize mains aurait
gagné aisément le prix, si on avait voulu lui rendre
justice.

Le marché aux chevaux se tient principalement
à l'ombre des oliviers du Cours Grandval et à l'ex-
tremité supérieure de la place du Casone. Cinq ou
six jeunes sujets pleins de bonnes qualités et bons
à atteler, furent achetés et envoyés à Marseille ;
mais les petits chevaux corses étaient en nombre
très-limité et quatre ou cinq, seulement, appelaient
l'attention. Ile ne ressemblaient en rien au vigoureux poneys du *Shetland*, fortement charpentés, ou
à ceux de *Dartmoor* qui sont encore remarquables pour leur beauté ; mais pour la proportion
et la vitesse c'étaient de parfaits pur sang en miniature. Quelques-uns n'ont que dix mains de hauteur ; la taille ordinaire est de quatorze. Ils paraissent infatigables; leur ardeur est indomptable, et si
on les soumettait, pour la nourriture, au même
régime qu'en Angleterre, ils trouveraient peu de
concurrents qui les dépasseraient en route.

Un très-joli cheval alezan de cette race, avait
son écurie vis à vis de mon logement, je le remar-

quai, surtout, lorsqu'on le menait à la fontaine,
parce qu'il amusait la foule des curieux par les
gambades et les milles contorsions auxquelles se
livrait son gracieux petit corps. Le seul traite
ment auquel ait été soumis cet animal, comme
préparatif de course, consistait en *extra* rations
d'herbes luxuriantes. Ce qui ne l'aurait pas empêché de remporter le prix si, celui qui le montait ne
l'avait pas retenu, mal à propos, en tirant sur la
bride. Dix-sept chevaux âgés de 3 à 4 ans, sans
distinction de taille, coururent le premier jour :
hauteur illimitée ; vingt-quatre de tout âge et également *de toute taille* coururent le deuxième jour,
et le troisième, dix, *soit disant poneys,* de 10 à 14
mains. Les prix variaient de 100 à 500 francs.
La foire de 1869 présentait un nombre plus considérable de chevaux, dont quelques-uns très-
remarquables, que l'année précédente. C'est aux
environs d'Oletta et d'Arbellara qu'on trouve,
dit-on, les meilleurs poneys. Il en fut acheté
une paire, près de ce dernier village, d'un brun
noir magnifique, d'une allure splendide et d'une
marche merveilleusement rapide ; mais il paraît
que beaucoup de chevaux élevés près d'Arbellara,
ne sont pas sans un mélange de sang Sarde. Le
poney de Sardaigne est plus grand et plus fort que
celui de la Corse. Ils sont tous les deux d'un grand

usage, sur les promenades poudreuses de Nice, pour les voitures en osier à la dernière mode.

Deux prix, de 100 et de 50 francs, avaient été également institués pour les meilleures mules et trois prix de 40, 30 et 20 francs pour le plus beau lot de six moutons. Ces derniers prix semblaient donnés aux cornes les plus longues et les plus entortillées ; car la crinière ou toison, aussi longue que noire, dont étaient revêtus ces animaux, cachait entièrement leurs formes. Mais le berger Pasquale était tout à sa joie, et les rubans élégamment noués à une mèche de la crinière, entre les deux cornes, annonçaient à la foule pleine d'admiration, qu'il était l'heureux vainqueur.

La nuit du troisième et dernier jour, un feu d'artifice, très-passable, mit fin à la fête, et si ce n'eut été le vent, Ajaccio n'aurait pas manqué de sentir la poudre pendant toute une semaine.

Il est convenu, depuis qu'Ajaccio est devenu une station sanitaire, de convertir la place d'armes en un jardin et une promenade et de reporter son caractère militaire à quelque localité plus éloignée.

Peu de personnes apprécient mieux la bonne musique que moi ; mais les roulements quotidiens de cinq ou six tambours de la garnison et les éclats bruyants de quatre ou cinq clairons, dont les ins-

truments sont invariablement dans un ton différent, ne sont ni beaux, ni agréables. Ces hommes sont, dès le point du jour, sur ou près de
la place du Diamant ou sur le cours Grandval où
ils vont et viennent pendant des heures entières,
faisant un bruit tel, à faire devenir fou la tête la
plus robuste. Il serait à désirer qu'ils fussent éloignés le plus possible du quartier de la ville où
habitent les malades ; car, quoique j'aie la foi la
plus profonde de la supériorité des tambours français sur ceux de toutes les autres nations, leur *fla*
et leur *ra* sont plus qu'insupportables.

POSTSCRIPTUM.

On a dit souvent que la partie la plus intéressante de la lettre d'une femme, était le postscriptum ; peut-être est-ce le cas dans la circonstance présente.

Les chaleurs extraordinaires du mois de juillet dernier, m'inspirèrent l'idée de connaître la température de la Corse à cette même époque. J'appris qu'il avait fait plus frais à Ajaccio qu'à Paris, et que le thermomètre à Zicavo, n'était jamais monté au-dessus de 82 degrés Fahrenheit. Ainsi se réalisait ce que j'avais, en quelque sorte, prévu pour ce dernier village : qu'il est dans une situation admirable pour une station d'été. Les fontaines de Zicavo conservèrent le même débit et leur spécialité d'être *terriblement fraîche*. Les jardins qui entourent les habitations, continuèrent à être arrosés tous les jours, ce qui prouvait que l'eau n'avait jamais fait défaut.

Dans plusieurs localités à la mode, en Suisse, la température était montée plus haut qu'à Zicavo.

La société Anglicane qui surveille l'église protestante aux colonies et sur le continent, a envoyé un chapelain à Ajaccio ; le service se fait à présent dans une grande chambre de l'hôtel de France louée exprès. L'hôtel de Paris et celui de Germania, dernièrement construit sur le cours Grandval, sont ouverts pour les étrangers, mais pour l'Anglais *grognon* (qui ne devrait jamais quitter son foyer à moins d'être accompagné de son cuisinier et de sa vache, et souvent pas même avec eux) Ajaccio lui dit : restez chez-vous.

Je dois à l'obligeance de M. Lear, une de ses charmantes esquisses, qui sert de frontispice à l'édition anglaise. J'ai le plaisir de donner une vue des pins magnifiques de Valdoniello et du monte Artica, comme on les voit à la descente de la vallée du Niolo.

Ce P. S. étant ajouté en Suisse, laissez-moi engager tous ceux qui sont à même d'apprécier un magnifique panorama de 120 milles de longueur, de se rendre où je suis, pour voir toute l'étendue de l'Oberlande Bernoise, jusqu'au mont Blanc (lequel en est éloigné de 80 mille) avec les lacs de Neufchâtel, Morat et Bienne au premier plan. L'hôtel est en tous points, confortable ; l'élévation de 3500^m au-dessus du niveau de la mer, l'air, surtout, délicieuse : ni poussière, ni orgue de barbarie et à deux heures de Neufchâtel (*en voiture*).

Qu'on ne s'imagine point que je me fasse illusion, ou que j'aie de la présomption, en offrant, au public, ces notes simples et sans apprêt aucun, surtout depuis qu'il m'a été annoncé que mon style, excusable, peut-être, dans une lettre, n'était nullement convenable pour l'impression. La prudence et le bon sens me conseillent donc, de rentrer dans la vie privée, et de me contenter d'une lettre avec timbre-poste, pour le transport de mon griffonnage peu élégant, mais fidèle. D'un autre côté ayant promis à des amis Corses de faire tout ce qui dépendrait de moi pour que leur Ile magnifique soit connue ; cette promesse, jointe au désir très-sincère d'amener d'autres voyageurs *de bonne volonté*, à visiter un pays où j'avais éprouvé tant de jouissances, m'a décidée à passer outre.

Mon pauvre petit livre se présente donc dépourvu de tout droit de passer dans la république des lettres ; j'ai fait de mon mieux pour réunir dans ce peu de lignes, le plus d'informations possible ; que ce mieux soit mauvais je l'avoue franchement, aussi, j'abdique toute prétention littéraire. Qu'on dise de cet ouvrage, autant de mal qu'on voudra ; — mais — qu'on aille en Corse !

Hôtel de Chaumont Neufchâtel (Suisse.) 17 septembre 1868.

1869.

"AVIS AUX VOYAGEURS."

" N'avoir jamais faim, jamais froid, jamais chaud,
Prendre tout en bien, et voir tout en beau. ''

Quand il fait beau, prends ton manteau,
Quand il pleut, fais ce que tu veux.

D'AJACCIO A VIVARIO, GHISONI, SOLENZARA, LA FORÊT DE BAVELLA, Ste LUCIE DE TALLANO, OLMETO, PORTO POLLO, PILA-CANALE ET AJACCIO.

310 kilomètres, cinq jours.

Le plus beau moment pour voyager en Corse, me paraît être le mois de mai ; plutôt vers le milieu qu'au commencement.

En 1869, je traversai la Foce à la fin du mois d'avril ; à peine pouvait-on apercevoir la plus légère verdure ; parcourant de nouveau cette route le 18 mai suivant, le changement qui s'y était opéré éblouissait les yeux.

Les toits rougeâtres de Bocognano se trouvent presque entièrement cachés par l'épais feuillage de ses beaux châtaigniers si renommés, et les masses des hêtres de Vizzavona, au vert ardent, se dessinaient aux rayons du soleil éclatant de cette île si charmante et si peu connue. L'échelle en bois de l'hôtel à Vivario, tient toujours bon : preuve suffisante, s'il en était besoin, du *dolce far niente* corse. On me renouvelle la promesse de la remplacer par un escalier en pierre ; nous verrons. En attendant, les truites délicieuses du Vecchio nous dédommagent toujours de la fatigue de cette ascension.

Le lendemain, la forêt de Sorba (que je traversais pour la troisième fois) m'a convaincue qu'elle

L

est la forêt des dames par excellence, c'est-à-dire,
que ce n'est qu'une petite course en voiture, de
Vivario, et qu'elle est très-belle, bien que les pins
ne soient pas aussi énormes que dans quelques
autres forêts. Celle-ci offre des points de vue admirables et d'une varieté qui ne se trouve pas ailleurs.

A Ghisoni, nous quittâmes la route de Marmano et San-Pietro di Verde que nous parcourû-
mes l'année passée, en prenant la route forestière
qui suit le torrent du Fium'orbo jusqu'à la plaine
orientale, et qui passe sur le viaduc établi au-dessus des précipices de l'Inzecca.

Rien ne pouvait être plus charmant que le
coup d'œil dont on jouit en quittant Ghisoni, au-
dessous duquel reste encore l'étroit pont génois du
sentier d'autrefois. Un mélange de rochers, d'arbres et d'arbrisseaux couvrait les montagnes des
deux côtés de la rivière ; en face de nous s'offrait
le magnifique précipice de Christe Eleison qui
s'élève au-dessus du Fium'orbo. Cette rivière dont
l'eau transparente, si commune dans ce pays, est
emportée rapidement vers la mer et brisée dans
cette belle gorge par des blocs de granit ombra-
geant des milliers de truites.

A l'Inzecca, le peintre trouvera un sujet unique
pour son pinceau. Le chemin est ouvert à travers

une masse gigantesque de serpentine dominant,
en surplomb, le lit de la rivière impétueuse qui,
plus loin, paraît se perdre comme le faisait, autrefois, le Rhône à Bellegarde. Immédiatement au-
dessus de ce précipice la route tourne à gauche, et
d'une façon si brusque que les murailles de rochers
semblent fermer entièrement le passage. L'In·
zecca ressemble assez à deux entonnoirs renversés,
un en haut et l'autre en bas. Le botaniste, aussi bien
que le peintre, trouveront beaucoup de plantes qui
feront leur admiration ; on distingue, entre autres,
de très-beaux échantillons de la fougère *Nothoclœna
marantœ*. A l'Inzecca, on quitte la plus belle
partie de la gorge qui s'élargit en une espèce de
vallée ; on se trouve ensuite complètement dans la
plaine, que l'on suit jusqu'au petit village de Ghisonaccia, éloigné de Ghisoni de 27 kilomètres.
Solenzara, situé aussi dans la plaine, est à 17
kilomètres plus loin.

C'est ici, à Ghisonaccia, que l'air a la réputation d'être le plus malsain de toute la Corse,
et l'on prétend que personne ne peut y rester
pendant l'été. Cela peut-être vrai, mais ce qui
ne l'est pas moins, c'est que le terrain, des deux
côtés de la route impériale, est gras, profond et
fertile ; les récoltes de blé et de foin dans les parties cultivées, étaient des plus magnifiques. Par-

tout ailleurs s'étendaient des *macchie* superbes.
Que mes lecteurs ne s'effrayent point au sujet de
la *malaria* en Corse. Se tenir chaud la nuit aussi
bien que le jour, un bon lit, une bonne nourriture, sont les seules choses pour prouver que le
mauvais air n'existe point. Cette vérité nous est
démontrée par la santé dont jouissaient des soldats français, à Rome, il y a trois ou quatre ans,
pendant qu'ils faisaient la récolte sur toute l'étendue de la *Campagna*, si renommée par son insalu-
brité. Les paysans étant partis pour travailler à
l'ouverture du chemin de fer de Foligno à Ancone,
on dût les remplacer, à l'époque des moissons, par
des militaires qui travaillaient le jour et qui cou-
chaient sous leurs tentes, dressées dans la plaine
même: et il était très-rare, même presque inconnu,
de voir arriver à l'hôpital de Rome quelqu'un de
ces soldats malade de la fièvre.

A Migliacciaro, se trouvent quelques bonnes
maisons sur la droite et à côté de la route qui mène
aux bains de Pietrapola, très-fréquentés par les
habitants de Bastia et de Bonifacio. Les terres de
Migliacciaro appartiennent à une compagnie continentale, et à en juger par le bétail, qui était beau
et gras avec la peau luisante comme le satin, tout
devait être en très-bon état de rendement. Un bois
de chênes blancs que la route traverse en cet

endroit, offrait l'aspect le plus vigoureux et dénotait la grande fertilité du sol. Sans aucun doute, si l'on voulait mettre la main à l'œuvre, les récoltes ne manqueraient pas d'être très-abondantes. Les montagnes, de formes et de hauteurs diverses, sur la droite, avaient encore de la neige sur leurs sommets ; par ci, par là, quelques villages, Prunelli-di-Fium'orbo, Isolaccio, etc. De temps en temps, on aperçoit, à gauche, le bleu foncé de la mer, à travers les arbres ou les *macchie*, et les voiles blanches des navires brillant au soleil. Un grand pont en pierre traverse la rivière du Fium'orbo qui coule avec toute la vitesse que l'on peut désirer, ce qui détruit toute idée d'eau stagnante ; il en est de même pour le Travo, qui est plus près de Solenzara. Avant d'arriver à ce village vous voyez de mieux en mieux, une rangée merveilleuse de rochers à pic, qui forment la chaine de la Bocca Bavella, et je doute fort que, dans aucun pays, un spectacle plus ravissant, presque unique en son genre, puisse jamais se présenter à vos yeux.

La Solenzara ou " *marina di Solenzara,* " est bâtie sur les bords de la petite rivière qui lui donne son nom; elle appartient, en majeure partie, à une compagnie française qui possède, en même temps, une grande étendue de terrain qu'on est en train de défricher, et où, déjà, les vignes produisent un vin blanc délicieux, meilleur que le vin de Chablis.

Je fus reçue par le directeur des Hauts-Fourneaux et sa charmante femme, M. et Me de Lavit. La grâce et la parfaite cordialité de mes hôtes me firent regretter de ne pouvoir prolonger ma visite autant que j'aurais voulu le faire. L'usine de Solenzara exploite les minerais de l'île d'Elbe. Quoique cette île soit située plus au nord, on l'aperçoit à l'horizon, aussi bien que celle de Monte Christo. On voit aussi, dans le lointain, la haute montagne au-dessus de St Florent dominant toutes les autres, du côté de Bastia.

Pour traverser la Bocca Bavella, vous quittez la route impériale à Solenzara et vous prenez la route forestière qui monte immédiatement en face de ces rochers magnifiques qu'on croirait bien proches, mais qui sont, en réalité, distants de 30 kilomètres. La rivière est extrêmement jolie ; on l'aperçoit, de temps à autre, dans sa gorge rocailleuse et boisée. Le *cistus* blanc disparait presque entièrement et est remplacé par le *cistus halimifolius* qui, avec des fleurs d'un beau jaune, donne un peu l'idée d'un arbrisseau doré. Je ne puis pas trop vanter la manière dont cette route forestière grimpe à sa destination, car, par endroits, les pentes sont beaucoup trop raides, et les matériaux de *l'empierrement* d'une grosseur telle, expliquant par trop la négligence des cantonniers. Il paraît que les Inspecteurs, s'il y en a, et il doit y en avoir, inspectent bien rarement! Malheureusement pour moi, sur presque toute la longueur de 30 kilomètres, je retrouvais sur la route, de ces mêmes blocs de pierre; aussi, fallut-il la hardiesse et le courage de ces fameux petits chevaux Corses, pour supporter la fatigue d'un tel chemin, augmentée par l'ardeur du soleil le long de ces murs gigantesques de rochers, qui forment, par leur réverbération, une vraie fournaise.

L'œil, cependant, se repose avec délices, sur le versant opposé des montagnes, où s'élève la belle forêt de Tova, d'une profondeur remarquable et non encore exploitée. Après un parcours de 18 kilomètres nous arrivâmes au sommet de la Bocca Larone, d'où l'on découvre un panorama plus merveilleux que tout ce que j'ai encore admiré dans cette île charmante. Devant nous s'étend, en amphithéâtre, la forêt de Bavella entourée de ces rochers à pic qui affectent des formes aussi fantastiques que magnifiques, représentant des ruines énormes de tours, églises, murailles etc., le tout d'une belle couleur rougeâtre mêlée de teintes violacées. Une petite descente entre des arbres et arbrisseaux charmants, nous conduit au beau torrent de Bocintoro, aux blocs grandioses de granit. Puis, continuant notre route à l'ombre délicieuse des pins, nous arrivons à une autre rivière bordée de blocs plus gigantesques, présentant un asile parfait pour faire manger les chevaux. L'eau si fraîche de cette rivière, le Poliscello, est excellente. La route monte toujours à travers la forêt de Bavella, et serpente pendant plus de dix kilomètres parmi des arbres superbes; mais, hélas ! les plus beaux étaient abattus et pourrissaient par terre. Le sol de cette forêt est très riche. Quoique les couleurs vives des *macchie* offrent un aspect plus gai que dans la forêt de Valdoniello où il n'y a que les troncs de ces magnifiques pins lariccio, il faut cependant, pour les arbres, voir cette dernière, pour se faire une idée, juste, d'une forêt Corse. A Bavella c'est la combinaison d'arbres et de rochers qui donne un tableau si éblouissant. Les rochers de Porto et de Piana ressemblent un peu à ceux de Bavella ; l'étendue de ces derniers en est magnifique, et plus haut on monte et plus l'effet en est grandiose. On a beau parler de la Suisse : elle n'a rien d'aussi pittoresque ; aussi, j'engage fortement tous les touristes qui aiment la belle nature, de ne pas quitter la Corse, sans visiter la forêt de Bavella. Il est bon cependant de leur faire remarquer que, pour jouir d'une belle vue, il faudra se lever de grand matin afin d'y arriver avant que le soleil soit trop haut.

Non loin du chemin il y avait quelques pins sur lesquels se trouvaient d'assez grandes touffes de gui et que je n'avais jamais remarqué, avant, sur cette espèce d'arbre. On m'a dit depuis, que le gui se trouve aussi sur des pins dans les belles forêts de Zonza et d'Aïtone.

La bonne maison forestière de l'Alzo se présente à côté de la route, et un peu plus loin celle de Bavella, appartenant aux ponts et chaussées. Cette dernière est entourée d'un grand nombre de petites cabanes qui, dans quelques jours, seront habitées par des familles du village de Conca qui émigrent, pendant l'été, à la montagne.

La Bocca Bavella, élevée de 5750 pieds au-dessus de la mer, me semble faite exprès pour une station d'été. Un air superbe et de la bonne eau. Le gazon, sur le sommet, d'une épaisseur et d'une finesse admirables, est rempli du " *Thymus herba Barona,* " qui a un parfum très-fort, que les chèvres aiment passionnément et qui donne un goût délicieux à leur lait, qui est beaucoup plus sain que celui de vache, grâce aux plantes aromatiques que ces animaux pittoresques, mais peu aimés, se plaisent à brouter. De ce délicieux point de vue, auquel il fallait dire adieu, l'œil n'embrassait qu'une faible partie de la plaine orientale et de la mer Tyrrhénienne, le tout encadré par d'énormes rochers et par la forêt. Mais, devant nous se déroulaient sur une grande étendue, des vallons profonds et des pentes rapides toujours couvertes d'arbres, ne paraissant former qu'une seule et immense forêt; celles de Zonza. Pas une maison, rien, dans le lointain, que la mer et les îles de l'Asinara et de la Sardaigne.

La route descend en serpentant à travers la forêt, au bord de précipices assez escarpés, sans aucun garde-fou, pas même une pierre ; mais avec les chevaux Corses, il n'y a rien à craindre.

Tout voyageur qui prendra cette route fera bien de partir de Solenzara, car la vue en est plus belle que lorsqu'on vient de Sᵗᵉ Lucie de Tallano, éloigné de 17 kilomètres du col de Focicchia. Des châtaigniers superbes ombragent le chemin près du joli village de Zonza, où, un peu plus loin, on traverse un beau pont du même nom ; après quoi, le paysage devient beaucoup plus riche et plus cultivé. La richesse est même plus grande à Levie, un des plus anciens villages de la Corse.

La descente sur Sᵗᵉ-Lucie de Tallano est très riante : de belles vignes, des arbres fruitiers, des céréales, et l'emplacement de ce beau village (chef-lieu du canton,) où l'eau est en grande abondance, est si favorable, qu'un bon hôtel ferait de très-bonnes affaires.

M. Giacomoni, maire de cette localité, m'ayant conduite à sa maison, j'y fus reçue par Madame Giacomoni de la manière la plus aimable. La réputation des vins de Tallano, appartenant à M. Giacomoni, est grandement méritée, et je suis étonnée qu'ils ne soient point connus en Angleterre. Ces vins rouges étaient très-appréciés autrefois ; Madame Mère n'en buvait pas d'autres, même à Paris.

De la terrasse, située sur le toit de la maison de mes hôtes, on jouit d'une vue charmante : une quantité de petits hameaux autour de Ste Lucie, belle culture, et sur la partie opposée de la vallée, la nouvelle route impériale qui, bientôt, sera terminée jusqu'à Zicavo. Près de là et dans une situation admirable, le vieux couvent appartenant aussi à M. Giacomoni, et que le célèbre Dr Bennet de Menton, a désigné pour une station d'été. Je me plais à croire que cela pourrait devenir, non seulement une station d'été, mais aussi une résidence agréable pour l'hiver, si quelques familles voulaient, tout en évitant les fatigues des voyages, se réunir en cet endroit pour le rétablissement de leur santé. Les vivres sont de bonne qualité et abondants, sans compter qu'en deux heures on est à

Propriano, où passe, tous les jours la diligence pour Ajaccio, et que, les lundis de chaque quinzaine on y trouve le bateau à vapeur pour la même ville.

J'ai beaucoup regretté de ne pouvoir profiter de la cordiale invitation que me fit M. le maire Giacomoni de prolonger ma visite ; mais j'espère que cette occasion se représentera de nouveau.

Les environs, en descendant à Propriano, fournissent une nouvelle preuve de la bonne culture du pays et de la richesse du sol. On passe à coté d'un très-beau pont Génois avec piles en pointes *"Ponte Molino"* sur l'ancien chemin muletier qui va à Arbellara, village situé de l'autre coté des montagnes les plus proches.

A la maison des *Stantari*, nous reprîmes la route impériale d'Ajaccio à Sartene, en ayant en vue, pendant longtemps, la ville de Sartene assise sur la montagne à gauche.

La plage du beau golfe de Valinco n'offre pas un seul coquillage, jusqu'à ce qu'on ait dépassé la tour d'Aglio : dans cette plage deux personnes m'ont ramassé, en une demi-heure, 800 *Pecten*, des plus belles couleurs ; mais pour y arriver il faut faire une course très-longue et très-fatigante.

On m'avait tellement vanté la petite auberge à Olmeto, que je fus tant soit peu surprise de la trouver si extraordinairement petite, mais extrêmement propre, ainsi que la padrona " *Livia Paolantonacci.* ''

Le lendemain, et à la " *Bocca Celaccia* '' nous quittâmes la route impériale d'Ajaccio en prenant, à gauche, la route vicinale conduisant à Sollacarò. De ce col, le regard découvre les belles montagnes du Coscione et une grande partie de la vallée du Taravo.

La descente est extrêmement jolie, bien cultivée et bien boisée, et le village de Sollacarò fort bien situé. Heureusement que ma voiture était petite, car le chemin passe sous une vieille arche trop basse pour une voiture de dimension ordinaire.

Des oliviers magnifiques ombragent la route des deux cotés, laquelle ne tarde pas à prendre l'aspect d'une belle prairie dans laquelle dominait çà et là le coquelicot. On voit, pendant un certain temps, la petite baie de Porto Pollo vers laquelle nous nous dirigeâmes par la route forestière, après avoir traversé le Taravo sur le pont de Calzolo. Ces 15

Nota. — M. L. de St-Germain se trompe en nous disant, page 588 de son itinéraire de la Corse que " d'Olmeto à Sollacarò on peut aller tous les jours par la voiture publique. " La seule voiture publique (les diligences) suivent tout bonnement la grande route passant par Casalabriva etc., etc.

kilomètres ne présentent rien de remarquable comme paysage, mais on y rencontre, en grand nombre, des oiseaux aux plus belles couleurs, vert, or et rouge, connus sous le nom de guêpiers (1) et de nombreuses tortues dans les fossés qui bordent la route.

La plage sablonneuse de Porto Pollo n'offre point de coquillage, mais une assez grande quantité de petits morceaux de corail.

Ici, j'ai eu encore une preuve de l'hospitalité Corse. Des marins m'ont priée de vouloir bien leur faire l'honneur de partager leur *bouillabaisse*, et un fermier m'a également demandé de participer à son déjeuner. La bouillabaisse est une soupe aux poissons, et celle-ci, se cuisait sur un feu allumé entre des rochers, au bord de la mer.

Il fallait revenir sur les 15 kilomètres parcourus pour prendre la route à Pila et Canale, situé, comme tous les autres villages, sur la pente d'une montagne, entouré de vignes et de céréales, parmi lesquels l'orge était d'une beauté surprenante.

De l'autre côté de la vallée du Taravo on voyait Casalabriva, Bicchisano et Petreto, et un long morceau de la route Impériale d'Ajaccio à Sartene.

(1) On les nomme en Corse : Ucelli di San Giovanni.

Le hameau de Cognocoli se présente très-bien sur la descente du torrent ; la montée qui suit est longue et tortueuse ; on arrive enfin au col de Caporale, d'où la vue superbe du golfe d'Ajaccio, de la ville, des montagnes, et des îles Sanguinaires se présente d'une manière vraiment ravissante. Cette route se voit parfaitement de la place du Diamant et de la promenade conduisant à la chapelle des Grecs : elle est excellente, mais assez longue ; les *macchie*, à travers lesquelles elle serpente en descendant, sont superbes quoique un peu monotones A la fin nous arrivâmes au pont sur le Prunelli, une des promenades ordinaires des étrangers résidant à Ajaccio.

Me voilà donc, pour la seconde fois, obligée de dire adieu à ma belle Corse, mais pour bien peu de temps, je l'espère. Mon unique regret est d'avoir perdu tant d'années avant de découvrir, pour me servir de la même expression du Dʳ Bennet, une île si charmante et où j'ai été si bien reçue partout. Je ne peux pas mieux terminer mon second voyage qu'en copiant ce que dit M. le docteur Prosper de Pietra Santa, dans son ouvrage *" des climats du midi de la France."* «Je me pro-
« pose de démontrer que le climat de la ville
« d'Ajaccio possède les conditions les plus favora-
« bles pour constituer l'une des plus délicieuses

« stations d'hiver du midi de la France. Les brouil-
« lards sont rares et peu denses à Ajaccio, les ora-
« ges y sont rares également. Les décharges élec-
« triques sont relativement exceptionnelles. Le
« climat tient un poste milieu entre le climat
« d'Alger et celui des côtes de la Provence. »

1870-1871.

M

DE BASTIA A PINO, PAR LA VALLÉE DE LURI.

43 kilomètres.

Le 14 juin 1870, j'ai eu le plaisir d'accompagner M. Piccioni, maire de Bastia, dans une excursion charmante à sa maison de campagne à Pino (Cap Corse). Ce promontoire que les Latins appelaient *Sacrum Promontorium,* fut, dit-on, le berceau du christianisme.

Partant de Bastia, un peu après 4 heures du matin, nous jouîmes de toute la fraîcheur d'une matinée superbe en suivant la même route que je parcourus, à ma première visite à Luri, en 1869, et qui me paraissait, aujourd'hui, de plus en plus attrayante.

Laissant les chevaux de ville de M. Piccioni à Santa Severa, nous continuâmes notre voyage avec deux de ces petits chevaux fougueux du pays qui, après quelques instants de réticence et élevés sur leurs jambes de derrière, partirent au galop, nous laissant à peine le temps d'admirer les alentours délicieux de cette belle vallée. Une fois au sommet du col de Ste-Lucie, sous Sénèque, notre descente ne fut rien moins, pour ainsi-dire, qu'une course à vol d'oiseau. Toute cette route admirable traverse les terres de mon compagnon de voyage ; elle fut ouverte à ses frais ; on aurait de la peine à s'imaginer les points de vue charmants qui se déroulent devant vous on s'approchant de Pino, grand village composé de maisons de paysans et de luxe, produit de fortunes faites aux Antilles, au Mexique, au Brésil etc., le tout mélangé d'oliviers, d'amandiers, de rochers et d'une grande Eglise avec *Campanile*, et des vieilles tours Sarrasines, appuyées, pour ainsi dire, contre le beau bleu de la mer.

La maison des ancêtres de mon hôte, passant de père en fils depuis plus de quatre siècles, ressemblait singulièrement à un vieux chateau d'Ecosse ; on aurait dit, en effet, une de ces tours ou forteresses des anciens temps, destinées à la protection des rivages contre les barbares. Sa construction est de forme carrée, avec créneaux, très-grande et solidement bâtie avec beaucoup d'augmentations modernes à l'extérieur, à l'intérieur, tout le confortable et le luxe que l'on puisse désirer. Son grand et bel escalier, conduit à une suite de chambres ravissantes, surtout celle de la plus ancienne partie de la Tour, qui est une belle salle carrée, avec vue exquise de trois cotés : celle sur la mer surtout me restera longtemps gravée dans la mémoire. L'écume blanche des vagues ondoyant les rochers, qui malgré leur rapprochement apparent, étaient cependant éloignés de plus d'un mille, causaient un charme indescriptible.

L'Eglise, un Couvent, une autre vieille Tour bien conservée, ainsi que la belle maison de campagne habitée par le frère de M. Piccioni, le propriétaire du beau chateau que j'ai remarqué à Ile-Rousse en 1868, venaient encore s'ajouter aux délices de ce charmant tableau.

Le lendemain, à 4 heures du matin, nous partimes en voiture par un autre des chemins ouverts par mon hôte, traversant un petit torrent délicieusement bordé de fougère et franchi par le pont Géry, du nom de l'ancien Préfet qui, pendant neuf ans, a si bien administré la Corse, et que son départ a appris que beaucoup d'autres ne le valaient nullement. Souvent, on n'apprécie ce qu'on avait que quand on l'a perdu.

De chaque coté de la route on voyait des restes de terrasses, où, il y a près de deux siècles, on cultivait la vigne, tandis qu'aujourd'hui, les meilleures terres sont occupées par des macchie et des jeunes chênes. Je suis persuadée que, sous la direction énergique du propriétaire, ces terres ne tarderont pas à être rendues à leur culture d'autrefois, pour lesquelles il organise, toutes les saisons, des ouvrages solides. C'est un vrai patriote, et un patriote auquel la prospérité de son pays lui est bien chère.

Notre route cotoyait la montagne avec une vue

de la mer de toute beauté, et jusqu'à ce que le Monte Minerbio vous la cache, pour reparaître sous peu avec un panorama magnifique de ce coté de l'Ile. Le chemin n'étant plus carrossable, nous continuâmes à pied, pour jouir encore de cette vue splendide.

Les villages de Barettali, Centuri etc, sur le premier plan, avec leurs jardins, vignes et terre cultivée ; puis, toute l'étendue de la côte, à travers le golfe de Sᵗ Florent à Calvi ; le Monte Cinto avec son entourage de montagnes, parsemées de neige, s'élevant majestueusement vers le ciel, formaient un tableau des plus ravissants. La route impériale de ceinture, malheureusement non achevée, taillée dans des blocs de rochers énormes, se dessinait entre nous et la mer.

En retournant à Pino, nous traversâmes une partie de ce village, pour nous rendre sur cette route, aussi loin que la voiture pouvait rouler. Obligés de mettre pied à terre, nous examinâmes cette œuvre vraiment digne d'un successeur de Napoléon Iᵉʳ. Mais hélas ! quand reprendra-t-on ce travail ? Un Anglais, qui avait fait cette tournée à pied, m'a dit que rien ne peut égaler la position pittoresque du village de Nonza.

Pino, comme presque tous les villages Corses, est composé, non de maisons entassées l'une sur l'autre, mais s'élevant pour la plupart isolément, parmi de grands arbres, d'énormes rochers, et ordinairement un petit ruisseau limpide coulant de la montagne à côté du chemin. A la fraîcheur du soir nous avons fait visite à M. Sébastien Piccioni ; le sentier, qui y conduisait, bien que ce fut un véritable casse cou, sera bientôt converti en chemin carrossable, traversant des terrasses parsemées d'oliviers.

A 4 heures du matin, nous rebroussâmes chemin par le col Ste Lucie, d'où nous commençâmes à monter à pied pour gagner l'ermitage ou plutôt le couvent, à moitié caché par une belle forêt de chênes-verts. Un des frères de ce couvent nous servait de guide pour nous conduire jusqu'à la tour de Sénèque. Nous suivîmes un joli petit sentier assez raide dès le commencement ; mais à la fin de notre expédition, il fallut escalader un rocher incliné et uni comme la toiture d'un clocher d'église, et sans le moindre appui pour la pointe du pied. Que faire ? ou grimper, à quatre pattes, ou y renoncer ; mais le bon Fra Antonio quitta ses sabots, et, en me donnant la main, nous atteignîmes le sommet sans nous casser le cou. Une fois là haut, il fallut s'accrocher, faute de place, aux pierres des côtés de la vieille tour et s'y tenir tant bien que mal ; car au-dessous des autres côtés il n'y avait qu'un précipice énorme, en droite ligne avec les murs du bâtiment.

Selon la tradition, ce rocher qui se penche si agréablement, était toujours frotté avec du suif pour le rendre plus glissant et inaccessible aux barbares qui voulaient se rendre à ce nid d'aigle. Un de mes deux compagnons que je laissais en bas, ne voulut pas faire cette escalade.

La vue est vraiment superbe, la mer des deux côtés de l'île, malgré l'orage qui nous déroba les côtes d'Italie et de Nice. La vallée de Luri était radieuse de beauté, et M. Piccioni qui n'avait plus grimpé en ces lieux depuis son enfance, était charmé de les revoir. J'avoue qu'il faisait chaud, malgré l'heure matinale de notre promenade; de retour au couvent, bien que défendu aux femmes, nous fûmes bien aises d'avoir un peu de vin, qui nous fut procuré par le frère Antoine.

Ce vin, provenant des vignes de Barettali, est un des meilleurs que j'aie goûté en Corse, bien que, presque tous, soient bons.

Le tonnerre grondait, tandis que le soleil luisait autour de nous, pendant notre descente à travers les *macchie* parmi lesquelles M. Piccioni avait fait semer des graines de pin Lariccio, qui étaient déjà devenus de jolis petits arbres. Notre retour au château de Pino s'affectua avec la vitesse accoutumée de ces intrépides petits Corses. Et ces chevaux sont inconnus en Angleterre! Vraiment, mes compatriotes sont bien à plaindre!

Un jour de repos suivit notre promenade à Sénèque, qui ne fut diversifié que par la visite des environs de la maison, jardins, écuries, vacherie, lavoir, fontaine, etc, enfin, tout ce qu'on peut demander pour rendre la demeure à la campagne des plus agréables. Nous avons visité la Chapelle de St-Antoine, appartenant aussi à cette famille, sur le plafond de laquelle se trouve une fantaisie naturelle des plus curieuses et que l'imagination la plus vive, puisse se former. C'est une représentation, en relief, parfaitement bien formée, de deux-excroissances que l'on suppose être un Cryptogamme; mais, comment cela, a-t-il pu se former sur une surface unie, tout-à-fait à l'abri de l'humidité et du soleil? On ne peut se l'imaginer, et la durée en est déjà de quelques mois !

DE PINO A BASTIA PAR ROGLIANO.

65 kilomètres.

Le lendemain, à 4 heures du matin, il fallait dire adieu à ce charmant Pino: je le fis avec le plus grand regret. Nous nous mîmes en route pour Rogliano en suivant la belle route de ceinture du Cap, qui est terminée de ce côté, pendant le trajet de laquelle on jouit de beaucoup de vues charmantes. On cotoye le petit golfe d'Aliso, puis on traverse les villages de Morsiglia et Centuri, laissant la petite *Marina Centurinum* au bord de la mer, à gauche, avec une toute petite flotte de pêcheurs et un port plus petit encore. Six tours bien conservées, dont deux grandes, rondes, et le reste plus petites et carrées, montraient comme ces villages étaient bien fortifiés. Ersa en avait aussi. Les maisons des alentours avaient, la plupart, un air de richesse; les jardins et terrasses sont si bien entretenues, les vignes si soignées, que décidément, je crois que c'est le quartier le plus florissant de la Corse. Tous les habitants qui ont émigré en Amérique, et après avoir fait fortune, reviennent sagement la dépenser dans leur pays.

La route monte toujours jusqu'à un peu plus

loin que Ersa, où se trouvent les trois moulins à vent, que l'on voit de la tour de Sénèque, et que l'on croit être à l'extrémité du Cap: c'est une erreur. L'île s'étend encore assez loin après ces moulins, plus loin même que le Cap Bianco, puisqu'il y a encore la pointe Corno di Becco, avec son Sémaphore. Après les moulins nous quittâmes, en quelque sorte, le voisinage de la mer, ne l'appercevant seulement que dans quelques petits golfes. De l'extrémité du Cap Corse on voit le phare établi sur l'île ou rocher aride de *la Giraglia*. On voit la *marina* et la riante vallée de Barcaggio, ainsi que l'entrée de la carrière du beau marbre " *Verde Stella* " situé sur la montagne à gauche. Des ouvrages charmants, de ce marbre, tels que tables, vases, consoles, etc., se trouvent à Bastia.

On voyait également les îles de Gorgona et de Capraja ; la côte d'Italie se perdait dans la brume.

A quelques kilomètres de Rogliano, nous avons quitté la grande route pour suivre celle de la commune, qui ne jouit nullement de l'excellence ordinaire des chemins du pays, car elle est détestable ; mais la vue exquise de ce beau village et de ses alentours me dédommagea entièrement d'être forcée de le gagner à pied.

Impossible de se faire une idée d'une position aussi gaie et aussi charmante que celle des six

hameaux qui composent Rogliano, et groupés sur
des monticules bien boisés. Quatre tours carrés et
deux rondes, en partie ruinées, défendaient jadis,
les divers quartiers de cette localité. A ce
magnifique panorama, venaient s'ajouter les restes
du chateau de San Colombano, appartenant, autre
fois, aux Seigneurs *da Mare* et plus haut un énorme
Couvent et son Eglise avec ses jardins, le tout
couronné par des rochers escarpés et arides.

Une montée fort raide, passant près les ruines
de ce château, nous mena au Couvent, propriété
de M. Lucchetti qui, avec son aimable dame, nous
offrit la plus cordiale hospitalité et de plus un
excellent déjeuner et des cerises magnifiques.

Le jardin et la vigne sont dominés par une fort
belle terrasse ombragés par un charmant bois qui
s'allongeait sur la côte, et de laquelle on jouit,
d'une vue superbe ; sur le premier plan tout
Rogliano qui se termine au bas de la vallée avec le
petit port de Macinaggio et la mer, au second
plan, l'horizon et la brume qui nous cachait les îles
et la côte d'Italie. M. Lucchetti me raconta quelques
anecdotes des bandits de son temps, comme elles
sont fort intéressantes, je les ajouterai dans ce
livre. Nous avons visité, ensuite, les vers à soie que
Madame Lucchetti élevait et qu'elle avait établis
dans toutes les anciennes cellules de moines qui,

bien que désignées sous ce nom sévère, représen-
taient, tout bonnement, des chambres excellentes
tenues avec la propreté de rigueur que comporte
l'élève de ces insectes. Ces cellules, s'étendaient le
long de corridors immenses, mais d'une fraicheur
parfaite, malgré les dards du beau soleil Corse qui
nous éclairait. Quelle magnifique pension on
pourrait organiser dans ce Couvent !

Enfin, il a fallu nous séparer de nos aimables
hôtes et nous remettre en route pour Bastia. Descendant par le même chemin, et tournant à
droite, nous traversâmes une grande partie du
village de Rogliano où l'on construisait de fort
belles maisons sur des sites admirables, ombragés
de beaux arbres. Il est très-regrettable que ni
photographes, ni peintres n'aient encore visité le
cap Corse où se trouvent une telle variété de
tableaux en tout genre, et une grande diversité de
verdure, oliviers, chênes, châtaigniers, palmiers,
mûriers, orangers, amandiers, cerisiers, vignes,
cactus, cédrats, jujubiers, etc, etc. C'est vraiment
incroyable comme ce pays pittoresque est si peu
connu. Notre route traversait un vrai bocage de
myrthe dont les fleurs parfumaient l'air, pendant
que des *macchie* cotoyaient la route de ceinture
que nous rejoignîmes un peu avant Macinaggio.

Ce port n'offre rien de remarquable et paraît si

peu profond qu'on a de la peine à croire qu'un bâtiment de tirant moyen puisse y entrer : cependant, le yacht Impérial l'*Aigle* s'y réfugia pendant un orage qui survint lors du retour de l'Impératrice Eugénie de son voyage d'Egypte. Sa Majesté, fit le trajet à pied jusque près de Rogliano afin de jouir de la vue des paysages d'alentour, et pendant lequel elle a gagné tant de cœurs, par sa bonté avec les paysannes qui l'entouraient. Nous côtoyâmes la mer aussi près que nous le permettait la route dont les hauteurs à droite, étaient parsemées de villages la dominant. On y remarquait entr'autres Tomino, surnommé le berceau du Christianisme en Corse, vers l'an 380 de l'ère chrétienne. Les prédicateurs de la foi se cachèrent dans des grottes naturelles fermées par les rochers et cachées dans les forêts de chênes-verts et d'autres masses épaisses.

Nous faisions souvent quelques détours pour traverser des petites vallées avec leurs ruisseaux et aux bords desquels on voyait une magnifique frange de ce charmant arbrisseau le *Tamarisck*, d'une végétation luxuriante, au feuillage délicat, se détachant si bien vers la masse énorme des roseaux dont on se sert, dans ce pays, pour plafonner les chambres.

A Santa Severa, nous avons regagné la route

que nous avions suivie il y a quelques jours à
Pino. La tour de Senèque s'élevait toujours
majesteusement de son rocher escarpé, vers le
ciel.

J'ai déjà parlé de l'Eglise de Ste-Cathérine à
Sisco, qui possède une chapelle très-ancienne
appelée *Tombolo*, dans laquelle il est très-difficile
de pénétrer. Heureux ceux qui pourront y entrer,
car ils verront les curiosités les plus étranges qu'il
soit donné à l'homme de contempler ; ce sont :
1° un peu de terre qui servit à former votre père
et le mien, c'est-à-dire, Adam ; 2° des amandes
du paradis terrestre ; 3° un morceau de la manne
du désert ; 4° la verge avec laquelle Moïse divisa
les eaux de la mer rouge. Ces merveilleuses
reliques furent apportées, en 1355, sur un vais-
seau Espagnol que la tempête jeta par trois fois de
suite sur la côte. Voilà, du moins, ce que je
trouve dans quelques livres qui parlent sur cette
île.

Après une excursion vraiment délicieuse, nous
rentrâmes encore à Bastia qui devint mon pied-à-
terre pour quelque peu de temps.

DE BASTIA A LA VALLÉE DEL NEBBIO.

Les personnes qui disent qu'il n'y a rien à voir près de Bastia, la grotte de Brando exceptée, se trompent. C'est une promenade fort agréable, et qui peut s'accomplir facilement dans quatre ou cinq heures, que d'aller jeter un coup d'œil sur la belle vallée *del Nebbio*. Suivez la route impériale de la côte orientale pendant huit kilomètres, puis, en tournant à droite, passez assez près du village de Biguglia et remarquez par les restes des fortifications et des tours imposantes que l'on y voit, combien il a dû être important autrefois.

Le chemin est excellent, mais toujours montant pendant huit kilomètres, et en suivant les contours de la petite rivière du Bevinco, qui descend rapidement à la mer. Cette gorge, qui se nomme Lancone, avec ses rochers et ses précipices, offre un tableau charmant, et si vous êtes botaniste vous y trouverez plusieurs des plus belles fougères, entre autres la *Vellea Marantæ*, en touffes magnifiques. La carrière de marbre de Bevinco (vert antique) se trouvant de l'autre côté de la montagne, je ne l'ai pas visitée.

Arrivé au sommet du col de Santo Stefano, il y a trois routes : une à droite qui conduit à Oletta et à Olmeta di Tuda ; une à gauche qui mène à Murato, et celle du milieu qui mène de Vallecalle jusqu'à St-Florent, en passant par les villages de Pieve, Sorio et Santo Pietro di Tenda, cotoyant la montagne jusqu'à la mer, dans laquelle St-Florent parait se baigner alors qu'elle est réfléchie par les rayons du soleil.

Devant nous s'étendait cette belle vallée del Nebbio si riche et si bien cultivée ; à droite, perché sur un monticule bien boisé, était Oletta, cette *" perle del Nebbio "* de la Corse ancienne. On travaille à l'ouverture d'un embranchement de route qui, avec celle de ceinture de St-Florent, reliera Bastia à ce village, en traversant le Col Teghime. Plus loin, on voit le village de Patrimonio, encadré par quelques montagnes du Cap Corse, et près duquel passe la grande route qui passe également à Nonza, Pino, etc. Pour premier plan il y avait des châtaigniers superbes et le hameau de Vallecalle sur une hauteur. Au-dessus, une partie de la petite forêt de Stella, chênes verts et châtaigniers, et presque noyé dans l'ombre, le petit village de Rutali.

Les oliviers qui y abondent forment les grandes richesses du Nebbio. Un des propriétaires m'a dit qu'un décalitre d'olives rendait jusqu'à trois litres d'huile, tandis que dans d'autres localités, vingt

N

livres, soit un peu plus de deux décalitres, n'en rendent que cinq litres. Si le greffage des sauvageons était encouragé, le revenu de la Corse, en huiles, s'élèverait à plus de 60 millions de francs : on a bien raison de dire que dans cette île, la nature a tout fait pour sa prospérité, et l'homme rien.

Mes chevaux ayant mangé leur ration de châtaignes sèches, nous retournâmes à Bastia par le même chemin, tandis que l'étang de Bigulia luisait comme un miroir devant nous. Mais quel triste spectacle : pas un seul bateau de pêcheur, pas même près de Bastia, bien que l'on dise que la mer qui entoure la Corse, est la plus féconde de toute la Méditerranée. Les coquillages qu'on y prend sont magnifiques. Bastia a beaucoup gagné depuis ma première visite ; tandis qu'on était forcé d'aller à pied, lorsqu'on ne pouvait pas avoir une voiture des messageries-postes, aujourd'hui il n'en est plus de même : un service de voitures, a été établi par un nommé Franceschi. Bastia, ainsi qu'Ajaccio, possède des sources dont les eaux sont vendues, pendant l'été, dans les rues. A Ajaccio elles proviennent de la fontaine de Salario et de Lisa, et à Bastia de Cardo, toutes les trois de grande réputation pour la fraicheur.

Il existe, dit-on, une de ces pierres *fabuleuses*,

appelée *pietra quadrata* ou pierre carrée, ayant la dureté du marbre, la couleur du fer brut et la pesanteur du plomb, que l'on trouve dans les rochers, et qui ont la propriété de rendre infatigables les marcheurs qui les attachent au-dessous du genou gauche. Je n'ai pas pu, malheureusement, m'en procurer.

VILLAGE DE CARDO.

Au village de Cardo, les étrangers jouiront des plus beaux points de vue, s'ils veulent se donner la peine d'y faire une petite tournée. La première partie de la route est celle de Sᵗ Florent à Calvi, de laquelle on voit l'étang de Biguglia, toute la belle plaine environante et les montagnes qui l'enferment. Alors, et à l'endroit où un viaduc traverse la grande route, le chemin tourne à droite et cotoye la montagne, en montant continuellement jusqu'au village de Cardo ; on y trouve une fontaine dont l'eau est bien fraiche et très-abondante. Trois autres villages, entre autre celui de Ville, sont situés aux environs. Une route carrossable, mène à ce dernier village qui se présente admirablement comme habitation de campagne.

Les environs de Cardo sont fort riches en villas charmantes et où se rendent les habitants de Bastia, pour y passer l'été et jouir de la vue splendide de la ville et de la mer que l'on a à ses pieds; les îles de Capraja, d'Elbe et de Monte Christo, devant soi, et en vous tournant une partie de la chaîne des montagnes ''la Serra'', s'élevant vers les cieux.

Dans la partie de la haute-ville située de ce coté, on voit beaucoup de nouvelles et belles maisons isolées, qui offrent un séjour des plus agréables. Le beurre de Cardo, est aussi excellent que l'eau. Ce beurre fait avec du lait de chévre, prouve, une fois de plus, que ce n'est point la faute du lait quand le beurre est mauvais, mais bien simplement négligence et malpropreté des personnes qui le font.

GROTTE DE BRANDO.

Une seconde visite que j'ai eu le plaisir de faire à la grotte de Brando, m'a convaincue, que, de toutes les curiosités de la nature, elle est encore une des plus belles. Mais pour le comprendre il faut le voir, car aucune plume, même la plus habile, ne pourra jamais en faire l'éloge qu'elle mérite. Ce ne sera pas, non plus, temps perdu, si vous avez des jeunes compagnons, de la leur faire visiter ; car ils apprendront combien est au-dessus de toute autre, la main Divine qui nous a donné cette œuvre majestueuse et surprenante sur la terre, combien cette grotte éblouissante et merveilleuse est au-dessus de tous les travaux de l'homme !

D'AJACCIO A ALERIA.

112 kilomètres.

Le 25 avril 1871, à 4 heures du matin, je quittais Ajaccio pour me rendre à Aleria. Rien de plus charmant que de parcourir ce pays de grand matin, respirant l'air embaumé par mille senteurs aromatiques des macchie qui vous entourent, et dont les feuilles de l'herbe parsemée de grosses perles de la rosée de la nuit, disparaissent au lever du soleil en revêtant les mille couleurs de l'arc-en-ciel. Des effets de lumière faisant ressortir les nuances variées et les formes diverses des montagnes, éclairaient radieusement leurs cimes encore remplies de neige ; le tout égayé par les rossignols, chantant comme ils ne chantent que dans cette île trop peu connue.

La ville d'Aleria selon Hérodote, a été fondée par les Phocéens, et cet écrivain qui parle des jeux splendides et majestueux qui se donnaient dans son temps, prouve l'importance de cette ville 500 ans avant J. C. Il est impossible d'indiquer à quelle époque précise ou même approximative la religion de Jésus-Christ pénétra, pour la première fois, en Corse. Quelques auteurs pensent que ce fut Saint Paul qui, le premier, y prêcha la foi. Cette version est fort douteuse, cet apôtre n'en parlant point lui-même.

Il n'est pas impossible que les premiers habitants de la Corse furent des Phocéens.

Pline donne 33 villes à cette île. Je les donne ci-après, selon les meilleures autorités, sans signaler celles qui faisaient le commerce le plus important.

Partie Occidentale.

Urcinum — Les ruines au delà d'Ajaccio, près de la Gravona.

Pauca — Ruines, dans la comté de Frasso.

Fysera. — Quelques restes dans la plaine de Baraci.

Maricrum. — Autrefois au Cap-Muro.

Partie Méridionale.

Palla — Bonifacio, probablement situé à Pala-
vonia.

Rhubra. — Autrefois à Porto Nuovo.

Alista. — Porto-Vecchio.

Partie Orientale.

Aleria — Ruines, dans une plaine d'environ cinquante milles carrés.

Mariana — Ruines.

Mantinum. — Bastia.

Clunium. — On en voit quelques ruines à Sainte-
Catherine, au Cap Corse.

Partie Septentrionale.

Centurinum — Centuri, Cap Corse.

Cenelata — Canari.

Intérieur de l'Ile.

Rhophicum. — Autrefois sur les bords de l'Ostriconi.

Cersunum — Nebbio, aujourd'hui nom de Pro-
vince.

Paranta — Palasca, ruines.

Lurinum. — Luri.

Aluca. — Alonia, près de Piedicroce.

Osincum. — Ucciani, ou bien Asco.

Sernitum. — Serra, ruines.

Falcinum — Falcini, ruinée.

Venicium — Venaco, ruines.

Canestrum. — Corte.

Opinum — Opino, ruinée.

Mora. — Autrefois sur la rive gauche du Taravo.

Matisa — Mela, supposée être sur la rive droite du Fiumiccioli.

Albiana. — A l'embouchure du Fiumiccioli dans le Valinco.

Agilla. — Aziglione, village.

Caleria. — Ruines dans la plaine de Galeria.

Nicea. — A l'embouchure du Fium'alto.

Blesinum. — Ghisoni.

Chanan. — Zicavo.

Vapones, ou *Vicones.* — Vico.

Voilà les villes de la Corse d'autrefois, et avec un million à un million et demi d'habitants, et, ce qu'il y a de plus étonnant, c'est qu'il n'y avait point de malaria ?

Nous lisons qu'en l'an 260 avant Jésus-Christ le consul Lucius Cornelius Scipio, pénétra pendant la nuit dans le port de Diana, avec une flotte considérable, et détruisit en grande partie la ville d'Aleria.

L'étang de Diana, jadis le port de cette ville, fournit en abondance des anguilles et des huîtres,

si renommées du temps des Romains et qui, peut
être, se mangeaient aux mêmes repas que les yeux
de poissons, les langues de perroquets etc. etc.

La route qui traverse la Foce de Vizzavona,
est trop bien connue pour qu'il soit nécessaire
d'en donner des détails. Je dirai seulement, qu'il
me semblait que le gui avait beaucoup augmenté
sur les jeunes pins Lariccio, et que je ne puis en
déterminer les causes.

A Vivario, nous quittâmes la route de Bastia
pour suivre la route forestière qui mène aux bains
de Puzzichello, en traversant le joli petit village de
Muracciole, et un peu plus loin deux ponts sur
des torrents le Castello et le Valcatojo, très-rappro-
chés l'un de l'autre, (1) avec des blocs énormes de
rochers aux alentours faisant un tableau ravissant. De là, la route monte doucement au col Denticoni d'où l'on jouit de la vue la plus belle de
la vallée du Vecchio, du Monte-Rotondo et du
Monte d'Oro, ainsi que de la chaine du Monte
Pietro, qui domine les autres montagnes séparant
la piève d'Orezza de la vallée du Tavignano.

Une infinité de villages, se déroulent devant
vous. Piedicorte, un des plus considérables, se

____

(1) Il n'y a, en effet, qu'une distance de 90ᵐ qui les
sépare l'un de l'autre.

trouvait perché sur le flanc des ravins des côtes de ces montagnes. Bien qu'il fit un temps magnifique et peu chaud, l'ombrage était fort agréable, surtout dans la partie où la route traverse une partie de la forêt de Rospa.

En 1793, la forêt de Rospa passait pour la plus belle de celles situées du côté oriental de l'île. On estimait qu'il pouvait y avoir deux mille pieds d'arbres de quatorze à quinze pieds de circonférence et de cent vingt à cent cinquante pieds de hauteur, et d'une qualité très-précieuse. Aussi, de beaux arbres de chênes blancs couronnaient le sommet de la montagne. La partie de la forêt traversée par la route que nous suivions, était un charmant mélange de pins, de chênes-verts et de rochers magnifiques affectant les formes les plus pittoresques ; la terre, parsemée de fleurs, recelait en abondance la jolie primevère couleur souffre, si commune en Angleterre.

Le village de Vezzani, pas plus que celui de Pietroso, n'offre rien de remarquable, si ce n'est que les maisons y étaient couvertes en ardoises du pays, au lieu de tuiles qu'on emploie habituellement dans les autres cantons de la Corse. Une infinité de détours sont de rigueur pour permettre à la route de traverser les petits ruisseaux venant de la montagne ; mais enfin, en se reportant au proverbe Oriental. " *Avec le temps et la patience la feuille du mûrier devient satin* " nous finîmes par avancer, et peu à peu la grande plaine d'Aleria, bornée par la mer, avec les îles d'Elbe et Monte Christo dans le lointain, se déployait devant nous, ainsi que les étangs de Diana, del Sale et d'Urbino. La brume nous cachait les alentours de Civita-Vecchia, que l'on dit se voir aussi.

Bientôt, l'établissement pénitentiaire de Casabianda, le fort d'Aleria, le petit village de Caterraggio et une infinité d'autres bâtiments, brillaient au soleil, et au lieu d'un désert, la plaine paraissait des plus peuplées.

A la maison isolée dite " *Casone di Pieraggi* " on se trouve à la fin de la descente qui a duré depuis le point culminant de la route, à 2^k en deçà du col Denticoni. Le torrent du Tagnone, qui prend sa source dans la forêt de Rospa, nous quitte en arrivant dans la plaine pour se perdre dans le Tavignano. A droite, un embranchement de route dit de St-Antoine mène à celle qui conduit de Ghisoni à Ghisonaccia et que j'ai parcourue en 1869. Nous continuâmes, presque en ligne directe, sur l'établissement agricole de Casa bianda, à travers la plaine déjà cultivée en grande partie par les détenus. La maison, en s'y approchant, me donnait l'idée d'une grande et bonne brasserie continentale; elle était entourée de prés donnant la promesse d'une grande récolte. De bons chemins et beaucoup de chênes-liége dépourvus de leur écorce, étaient aussi dans l'entourage, et de magnifiques troupeaux de bétail à lainage blanc, provenant, je crois, de la Toscane, pâturaient dans des parcs à côté. Nous traversâmes la plaine pour prendre ensuite la route Impériale de Bastia à Bonifacio en laissant Casabianda à gauche, ainsi que le fort d'Aleria qui se présente sur une hauteur, et auquel on arrive en grimpant pendant un demi mille.

Le fort, d'origine Génoise, est bâti sur un promontoire qui domine la rivière du Tavignano. Un petit village s'y étend en laissant le fort isolé. Dans une de ces maisons, presque aussi isolée que le fort, on m'avait déjà préparé deux chambres, auxquelles je parvenais par une espèce d'échelle presque perpendiculaire, et au sommet de laquelle, après avoir traversé la cuisine, je trouve deux appartements parfaitement propres, ainsi que leurs lits, et ayant deux fenêtres, cheminée et une vue à ravir; mais un voisinage tant soit peu bruyant : nous avions une buvette au-dessous.

Pour les repas il fallait se transporter à l'autre extrémité du village; mais les huîtres d'Urbino et ce que l'on nomme *clovis*, (le Venus Pullastra) vous dédommageaient entièrement de la promenade. Ces huîtres sont énormes et d'un très-bon goût ; on m'a dit que celles de l'étang de Diana étaient infiniment meilleures, plus petites, et beaucoup plus délicates. Les anguilles de ces Etangs avaient aussi une grande réputation, même du temps des Romains, qui recherchaient tous les poissons provenant de la Corse, que les gourmets estimaient plus que tous autres.

Un Napolitain, M. Gambardella, a affermé ces étangs pour le commerce des anguilles et des huîtres.

Le panorama dont on jouit de la terrasse du fort d'Aleria, est vraiment magnifique et d'une étendue énorme, et le ciel éblouissant, sans nuage, nous permettait de tout voir. Toute la belle chaîne des montagnes du monte Rotondo, le Coscione, le Renoso, et l'Incudine avec les pics escarpés du Bavella, rappellant les Dolomites et le *Rosengarten* du Tyrol, les deux extrémités de la chaîne s'affaiblissant jusqu'à la mer, près de Porto-Vecchio, d'un côté et au-delà des ruines de Mariana de l'autre. Le Tavignano serpente à vos pieds, en flots plus considérables que dans toute autre rivière du pays ; il rappelle un fleuve d'Angleterre bon pour pêcher à la ligne, tandis que la frange

d'arbres, à ses côtés, près de la mer, continue à
vous bercer dans cette illusion. Et cette plaine !
Cette plaine qu'on dit inculte et malsaine, se présente si riante, si bien cultivée, que ma visite aux
ruines Romaines sera forcément renvoyée à une
autre époque, attendu les grands dégâts que cela
pouvait causer aux récoltes ; aussi, faudra-t-il que
je me contente de ce que j'ai lu des restes d'aque-
ducs, cirques, etc, etc. J'ai choisi, pour mes fouilles, un morceau de terrain inculte où on pouvait
travailler sans crainte de détruire les blés.

Toute la magnifique propriété du Marquis de
Potenziani, appartient, maintenant, à M. Gavini,
qui m'a gracieusement accordé la permission de
faire des fouilles où je voulais. Je me plais à croire
qu'il me renouvellera cette autorisation, car c'est
uniquement pour commencer le noyau d'un Musée
d'antiquités en Corse, que je m'amuse à *tâcher* de
déterrer ces restes des Etrusques et des Romains.
Il est bien regrettable que beaucoup de vases,
tasses, amphores et d'autres objets en poterie,
ainsi qu'une bague en or, trouvés par les paysans
en labourant, aient été emportés hors du pays par
des étrangers qui les avaient achetés. Malheureusement pour moi, M. le Docteur Casanova, auquel
j'avais été recommandée, se trouvait à Corte ; mais
son fils et M. Peretti, gérant de M. Gavini, ont eu

la complaisance de me mettre sur la voie ; et le lendemain, à six heures du matin, nous commencions nos travaux, avec trois Lucquois, qu'on a bien voulu me céder à Casabianda. Afin d'activer mes recherches je demandai trois autres ouvriers qui me furent refusés, force me fut donc de commencer avec ceux que j'avais. Mes recherches commencèrent sur une colline au travers de laquelle, et parmi des tombeaux étrusques ou romains, on avait ouvert la route impériale ; je savais d'avance que l'ancien propriétaire y avait trouvé, entre autres antiquités, un collier en or, garni de corail. Hélas ! je ne fus pas aussi heureuse. Le temps était des plus beaux et une belle brise de mer atténuait la chaleur de ces lieux.

Pendant les cinq premières heures de travail nous trouvâmes quatre tombeaux seulement. Ils se composaient, sur leurs faces latérales, de briques ou " *mattone* " de grande dimension, de forme trapezoïdale, et ayant 24 pouces de long, 18 de large à la grande base et 15 à la petite ; les deux bords opposés à ces bases sont recourbés à angle droit et présentent une saillie de 2 pouces. Elles sont absolument identiques aux tuiles plates ou " *Tegoli* " de nos jours. Ces *mattone* étaient posés en terre par leur plus grande base et légèrement inclinés vers la partie intérieure, et l'espace compris

entre deux de ces *mattone* à leur extrémité, était
recouvert par une tuile creuse de même hauteur,
en tout semblable à celle qui sert à la couverture
des maisons d'aujourd'hui. A la tête et aux pieds,
étaient également deux de ces *mattone* et au-dessus,
comme couverture, des briques plates, le tout
consolidé avec de la chaux. Sur un de ces *mattone*
on distinguait parfaitement la patte d'un chien qui
aurait marché dessus quand l'argile restait tendue
avant la cuisson de la brique.

Dans l'intérieur des quatre premiers tombeaux
nous ne trouvâmes que quelques ossements; mais
ce qui m'a le plus surpris c'est le peu de terre qui
les recouvrait, pour rester tant d'années inaperçus?
Après le déjeûner, pour lequel tout le monde
montait au fort, on se remit à l'ouvrage pendant
cinq autres heures, et cette fois, nous découvrî-
mes un tombeau ayant deux rangées de ces
mattone; une construction du même genre existait
aux pieds du premier et en travers: dans cette
dernière on déterra un morceau de cuivre
mince et presque carré, bien couvert de vert de
gris, et à la grande joie de toute la compagnie
(une trentaine de curieux des alentours) on
aperçut un tout petit morceau de poterie, vase,
ou autre, quelque chose enfin! Aussitôt la terre
fut soigneusement écartée (pour ce travail on ne

saurait avoir trop de patience, car la terre est
dure comme de la pierre) et un joli petit vase en
terre rouge, se présente aux yeux enchantés de
tout le monde : bientôt après un autre dans lequel
était un trou assez curieux : il est plus que pro-
bable qu'une pierre appuyée contre une partie
tendre du vase, a dû le perforer par la pres-
sion et le tassement. Ces deux petits pots, d'iné-
gale grandeur, se ressemblaient par la forme :
la fabrication en est légère et soignée comme
poterie ; ils avaient chacun une anse ; mais sans
aucune décoration en peinture. En continuant
mes recherches je trouvai un troisième vase beaucoup plus grand et plus ordinaire, avec les débris
d'un couvercle et dans lequel il n'y avait, comme
dans les autres, que du sable et de la terre.

Je me trouvais très-heureuse de cette " *buona
fortuna* " ; en continuant mes fouilles qui ne me
firent découvrir qu'un tombeau vide. L'heure du
dîner étant arrivée, nous suspendîmes les travaux.

Le lendemain, à 6 heures du matin, nous nous
sommes remis à l'ouvrage, avec peu ou point de
succès pendant les premières heures ; peu après
le son *du mattone*, se faisant entendre, le caporal
lucquois, qui me l'annonça d'un ton joyeux et la
pioche en l'air, ressemblait beaucoup à une
ancienne statue. Ce tombeau était comblé de

pierres, et la sécheresse de la terre ajoutait beaucoup à la difficulté de nos fouilles ; le vin que j'avais fait apporter ne fut point touché, mais gardé soigneusement par les lucquois pour leur déjeuner. Ces ouvriers ne prennent rien qu'aux heures fixes ; cette habitude, si elle était employée ailleurs, rendrait de grands services.

Enfin, toutes les briques parfaitement bien conservées ayant été enlevées, tous les yeux se mirent à chercher les trésors tant désirés ; mais, rien. Je comptais renoncer à la continuation de mon entreprise lorsqu'un grand coup de pioche donné dans la construction située aux pieds, en faisant résonner quelque chose de solide, révéla la présence d'un autre vase qui s'est malheureusement brisé en morçeaux. Après en avoir recueillis les fragments un autre petit vase ou pot, se montra à nous : il est d'une forme beaucoup plus élégante que les autres, et était rempli de petits morçeaux de charbon de bois, parfaitement bien conservés.

On a découvert, m'a-t-on dit, de l'autre coté du Golo, sur le territoire de Venzolasca, des urnes funéraires et d'autres vases remplis également de charbon et de terre. Après le déjeunèr, nous essayâmes deux autres endroits ; mais inutilement : ce qui me fit préférer de retourner à notre colline. Au moment où je réfléchissais que

dix heures par jour et ne rien trouver, n'était
pas gai, le caporal, en entendant un son vide sous
sa pioche, mit tout le monde sur le qui vive ! Ce
tombeau était tout différent des autres et bien
plus enfoui sous terre. Un énorme *mattone* fortement scellé avec du ciment, couvrait un espace
vide dans lequel nous espérions trouver un grand
trésor ; notre déception fut bien grande, car le
cercueil, une fois le couvercle enlevé, ne contenait
que de la terre et de la plus fine, semblable à du
terreau dont se servent les jardiniers pour leur
pots à fleurs : preuve évidente et certaine de la
présence d'un cadavre tombé en consomption.
L'intérieur était de figure oblongue, bien bâti, en
briques très-minces, et ayant à peu près 20
pouces de largeur et 5 pieds de longueur ; mais
rien dans l'intérieur, sauf quelques fragments d'os
et des dents énormes.

De grands cailloux étaient mêlés à la terre
entourant ce tombeau, qui se trouvait plus sur le
versant de la colline que les autres.

Enfin, je me suis décidée à abandonner mon-
mentanément mes fouilles, attendant que les
récoltes me permissent d'en faire dans d'autres
endroits, où, probablement, j'aurais eu plus de
succès.

L'étang de Diana, avec ses îles et ses côtes d'une

blancheur éblouissante, éloigné seulement de trois kilomètres de la colline, formait le plus joli des tableaux. Ce que je ne puis comprendre c'est que cette grande nappe d'eau, ait reçu la dénomination d'*étang*, alors que les vagues de la mer y entrent à volonté. Ne l'ayant point visité, j'ajoute la description d'un auteur Corse, M. A. Grassi.

« L'île des pêcheurs, dans l'étang de Diana,
« mesure 400ᵐ environ de circuit et a 25ᵐ d'alti-
« tude à son point le plus élevé. Elle est couverte
« d'une végétation magnifique mêlée de quelques
« petits arbres. L'îlot entier est formé, lui-même,
« d'une immense accumulation d'écailles d'huî-
« tres ; le sol en est couvert de débris et d'une
« poussière blanchâtre. Selon la tradition, les
« pêcheurs nous dirent que cet amas d'écailles
« provient du temps des Romains, alors qu'Aleria
« envoyait les huîtres de Diana aux riches séna-
« teurs de Rome, dont les écailles étaient journel-
« lement et après chaque pêche, jetées en tas
« en un même point convenu : ainsi se forma
« l'îlot : »

L'étang de Diana, nom gardé à travers les siècles, fut le port d'Aleria, ancienne colonie Romaine ; Ptolémée, les historiens et les analistes disent *Portus Diana.* On dit que l'on voit encore aujourd'hui, les débris d'un vieux quai auquel seraient encore assujettis de forts anneaux en fer et de gros anneaux en bronze qui, sans aucun doute, n'avaient d'autre destination que celle de retenir au port les galères Romaines.

On n'a pas de données certaines pour déterminer, au moins d'une manière approximative, la grandeur de l'ancienne ville d'Aleria ; les opinions sont partagées à ce sujet, car les uns lui donnent 12,000, d'autres 20,000 et d'autres encore 50,000 habitants. Qu'elle qu'ait été cette population, il n'en est pas moins sûr que cette plaine fournirait aux besoins de cent mille habitants, et que les Romains ne négligeaient point un sol si riche où la végétation est si vigoureuse et si prompte, et où les récoltes de céréales, même sans engrais, rendent cinquante pour un, un sol où la nature a tout fait pour sa prospérité, et l'homme rien ! Il est regrettable que le *dolce far niente* du paysan Corse, ne le laisse pas penser aux richesses immenses perdues, en laissant les *macchie* maîtresses du sol ; ils n'ont pas encore appris que la grande manufacture du bien-être, pour toutes les nations, c'est l'agriculture.

Espérons que la nouvelle société nationale et agricole de la Corse, changera l'état actuel des choses déjà amélioré depuis 1830 ; car à cette

époque, il y avait seulement, par chaque mille
hectares, 65 bœufs et vaches, 340 brebis, 216
chèvres 'et chevreaux, 15 juments, poulains et
chevaux, et 16 mules et ânes.

D'ALERIA AUX EAUX D'OREZZA.
60 kilomètres.

J'ai quitté Aleria à 6 heures du matin, le 27,
en suivant la route Impériale de Bonifacio à
Bastia ; un quart d'heure après nous traversions le
Tavignano, sur un pont en bois, au village de
Caterraggio. On trouve à Caterraggio, une voiture
qui monte à Corte, (40 kilomètres) partant tous
les jours à 8 heures du matin et revenant le lendemain. De notre chemin, qui était superbe, nous
jouissions en plusieurs endroits de très-jolis
points de vue : parcourant les petites vallées, et
traversant leurs rivières *non stagnantes*, sur de
beaux ponts en pierre, parmi lesquels on remarque celui de Bravona, composé de cinq arches
ayant 15ᵐ d'ouverture chacune, puis, montant et
descendant les petites collines, avec arbres, *macchie*
et terres cultivées, produisant en abondance du
froment et du lin, rendaient le voyage des plus

agréables. Les rivières surtout, bordées d'arbres de différentes espèces, leur donnaient un air de fraîcheur ravissante.

Décidément, les parties que j'ai parcourues de de cette plaine ne sont ni si laides, ni si désertes, que quelques écrivains veulent bien donner à le croire ; puisqu'ils parlent ordinairement d'avoir fait le voyage la nuit, je suppose qu'ils dormaient !

On voit encore des restes de forêts chênes-liège. La route est ouverte parmi des arbres superbes de cette espèce et des massifs d'une hauteur étonnante, tels que bruyères, genêts, arbousiers, myrte, etc, etc. A l'ombre de ces massifs s'ouvrent aussi des sentiers les plus attrayants, fréquentés seulement par les chèvres et les brebis, pacageant autour de plusieurs cabanes ou huttes composées de joncs ou de branchages et recouvertes les unes de chaume, les autres de terre glaise durcie à l'action du soleil. Pas une fenêtre, pas une cheminée, la fumée sortant par la porte d'entrée.

C'étaient là les demeures des bergers, qui faisait un grand commerce de broccio et de fromage, et à la confection desquels ils travaillaient en plein air et à côté de la route.

Nous passâmes près du grand et beau phare d'Alistro, situé à gauche de la route, sur une élévation rocailleuse, et derrière lequel, sur le flanc

de la montagne, se voit Pietra di Verde, chef
lieu du canton de ce nom. Plusieurs maisons de
campagne souriaient sur des collines : celle de
Don Juan Casalta surtout, entourée de jolies déco-
rations en briques, avait l'aspect le plus charmant. Des terres et des vignes bien cultivées situées
près d'une forêt de chênes-liége et d'autres arbres,
ajoutaient à la beauté du tableau. Le grand village
de Cervione, qu'on voit si bien d'Aleria, dominait
fièrement la mer tandis que des navires aux blanches
voiles, dans le lointain, brillaient à notre droite.
A presque chaque quart d'heure, on découvrait
un nouveau village échelonné sur une hauteur
parmi les rochers de la montagne, entouré d'arbres
et de ravins, donnant à l'imagination des rêves de
tableaux ravissants ! Des milliers de guêpiers se
balançant sur les fils du télégraphe, s'envo-
laient à temps pour nous montrer leurs belles couleurs.

La nouvelle route de Cervione à Piedicroce,
n'était pas achevée, il m'a fallu continuer par la
côte orientale jusqu'à Folelli, en passant sur le
pont de Fium'alto, d'une seule arche en maçonnerie, de 40ᵐ de portée : elle est la plus grande
en Corse ; mais moins élevée et infiniment moins
pittoresque que celle du Vecchio, sur la route
d'Ajaccio à Bastia.

A Folelli, (maison isolée à 28 kilomètres de Bastia) nous quittâmes la route de ceinture, et tournant à gauche nous remontâmes la vallée du Fium'alto, dont le lit resserré entre des rochers permet à la rivière de descendre rapidement en petites cascades. Grâce à l'ombrage des magnifiques châtaigniers nous ne sentions aucune chaleur. Les points de vue sont des plus jolis, sans qu'il se trouve aucune chose de majestueux, et j'ajouterai pour les timides, point de précipices. On traverse et retraverse le torrent, laissant à côté, un fort joli vieux pont de trois arches, bâti du temps des Génois.

L'état de cette route communale laisse certainement quelque chose à désirer ; mais l'empierrement était commencé. Nous montions toujours la vallée, si on peut ainsi la désigner ; il serait peut-être plus vrai de dire, nous suivions le lit du torrent, car il n'y avait guère que cela, la route étant taillée sur le flanc de la montagne et très-souvent à travers des rochers de ce beau vert connu sous le nom de vert d'Orezza.

Toute cette contrée est appelée par les savants " *l'Elysée de la Géologie* " La botanique en a sa part : l'on trouve surtout le *Pancratium Illyricum* avec des masses de belles fleurs blanches et parfumées. Nous arrivâmes enfin au pont qu'on tra-

verse pour gagner la toute petite place ou promenade, décorée de quelques arbres, et avec des
bancs pour le beau monde dans la saison des
eaux, juillet et août et quelquefois si on le désire,
juin et septembre.

Les eaux d'Orezza, connues dans toute l'Europe,
tirent leur nom de l'ancienne Pieve, nom qui
désignait autrefois un territoire composé d'un
certain nombre de paroisses. L'ancienne dénomination de *pieve* a été aujourd'hui remplacée, par
Canton. Celui qui nous occupe est celui que les
Corses appellent Castagniccia (châtaigneraie). De
tout ce qui se dit et de tout ce que l'on écrit du *village*
d'Orezza, il n'y en a point de ce nom, la source
seule en profite. Elle est magnifique ; sortant du
bas de la montagne, on la conduit au moyen de
tuyaux au milieu de la place, où elle est reçue
dans une espèce de puits sous un pavillon voûté.
L'eau se montre bouillonnant en grosses globules et
en telle abondance, qu'on dit qu'elle pourrait
abreuver l'univers entier. Ces eaux étant à la fois
ferrugineuses et gazeuses, souvent, les bouteilles
sont brisées et les bouchons sautent !

A mon avis, soit dit en passant, car je ne suis
nullement médecin, ces eaux me paraissent beaucoup plus puissantes que celles de St-Moritz en
Suisse et tant vantées dans l'Engadine. Mais hélas !

quelle différence entre les localités. *Là*, tout est fait pour attirer les étrangers ; ici, *rien*. Au lieu de la propreté accoutumée et de rigueur, dans un tel endroit, toute ou du moins presque toute la place est encombrée de ces caisses de bois, entassées l'une sur l'autre, attendant l'emballage des bouteilles pour être expédiées au quatre coins du globe et au lieu d'une jolie promenade, on a devant soi quelque chose ayant l'air d'un grand chantier.

Il faut espérer que le bon temps viendra et que, cette source magnifique, que je crois presque unique dans le midi, aura un sort plus heureux ; que des hôtels seront construits à ses côtés, car, naturellement, l'eau perd beaucoup par sa mise en bouteilles ; le village le plus voisin est Stazzona.

Il n'y a près de la source, aucune maison ou appartement, il n'y a rien que le Casino, où, je suppose, les étrangers peuvent se réfugier en cas de mauvais temps. On peut se baigner dans l'eau de la rivière et non dans celle de la source.

Après avoir traversé le pont, nous continuâmes notre route, étroite et décidément mauvaise ; les tournants étaient si resserrés que deux chevaux buttaient l'un contre l'autre, faute de place. Mais, on m'a assuré que la commune doit la faire réparer et élargir de suite, espérons que cette promesse se

réalisera. Après un kilomètre et demi, toujours
en grimpant, nous arrivâmes au village de Stazzona,
où nous attendait la plus grande déception :
l'hôtel du Casino des Eaux d'Orezza, était complètement fermé, ce qui était peu encourageant pour
les voyageurs. Un peu plus loin nous arrivons
dans une toute petite place, contenant un beau et
vieil Ormeau, et à côté le " Café Corse, " pour
toute auberge. Ici, comme à l'ordinaire et à l'aide
d'une échelle, je grimpe au second étage, où je
trouve chez le brigadier de gendarmerie en retraite
Filippini, deux petites chambres, avec lits parfaitement propres.

La compagnie concessionnaire a bien l'intention
de faire un hôtel, mais le gérant ne se presse pas
beaucoup.

Le seul inconvénient de voyager en Corse,
avant la saison, est qu'on ne trouve rien à
manger : des œufs, rien que des œufs, et du pain
de huit jours, pas même des truites : aussi, le
lendemain, un vieux coq fut-il dérobé à son
sérail. On nous fit des gâteaux de farine de châtaignes, que nous mangeâmes avec le meilleur
appétit et tout comme s'ils étaient accompagnés de
la plus bonne sauce du monde. Stazzona est bâti
sur la côte de la montagne, vis-à-vis le village de
Carcheto, séparés l'un de l'autre par le torrent le

Fium'alto, qui coule dans une gorge étroite et profonde. Carcheto, avant le temps de Paoli, était un des villages les plus commerçants de l'île ; on y voit encore des restes de bonnes maisons et une belle église.

Plus bas, dans la vallée (si on peut l'appeler ainsi) et au-dessus de la source, s'élève le village de Granajola, où l'on voit la grande maison du Dr Manfredi, ami du Dr Bennett.

Au-dessus de Stazzona, éloigné d'un kilomètre et demi toujours en montant, se trouve Piedicroce, chef-lieu du canton de ce nom. C'est là, je l'espère, que, sous peu de temps, nous aurons une station d'été pour les étrangers qui désirent éviter un long voyage pour rentrer en Suisse, vu le manque d'air sur la Riviera. Impossible de trouver un emplacement mieux situé pour attirer le monde : air frais, abondant et délicieux, ombrage parfait sous de beaux chataigniers, une élévation de 1800 pieds au-dessus de la mer, et des maisons déjà accoutumées à recevoir des étrangers !

Pour moi, je reste toujours fidèle à Zicavo, et rien ne me fera changer ; mais, " la vérité n'est qu'une, " car le voisinage de Bastia et la possibilité, *dans la saison*, d'en tirer les vivres tous les jours, sont à eux seuls une bonne recommandation. Aussi, y a-t-il concurrence de voitures de Bastia à Piedicroce ainsi que de Corte, sans compter la petite calèche qui monte de Ponte alla Leccia tous les jours avec le courrier, qui est aussi à la disposition des voyageurs.

A Piedicroce on trouve aussi des chevaux, mulets, ânes, selles de dames, tant pour aller à la source que pour faire des promenades aux alentours, au milieu d'un ombrage ravissant et d'un si beau vert, n'amenant aucune fatigue pour la vue.

DE STAZZONA D'OREZZA A AJACCIO.

155 kilomètres.

Les chevaux étant à jeun aussi bien que moi, je quittais le Café Corse, à 6 heures du matin, pour retourner à Ajaccio. La route monte assez rapidement au village de Piedicroce; mais elle est bien meilleure, tout de même, que celle de l'autre jour. On n'entre pas dans la rue passant à côté, mais on pouvait bien voir que les habitants étaient accoutumés à recevoir les étrangers, par la propreté qui y règne.

Du vieux couvent d'Orezza situé tout près, on jouit d'une vue magnifique et puisqu'il n'est pas habité, pourquoi ne pas le transformer en un hôtel ?

Depuis Piedicroce la route, récemment ouverte, mérite réellement le nom d'impériale. Et il m'est vraiment difficile de donner une idée juste de la beauté surprenante du paysage jusqu'à Morosaglia. Rien de grandiose comme la forêt de Bavella ou les rochers au-dessus de Porto, ici c'est un tout autre genre. Les environs des bains de Lucques lui ressemblent un peu, seulement là c'est très petit, et le chemin ne sort guère de la vallée, tandis qu'ici la vue embrasse une étendue immense, et la route cotoie une partie bien élevée des montagnes, puisqu'elle monte toujours depuis Piedicroce jusqu'au col de **Prato di Morosaglia** élevé de 980^m au-dessus du niveau de la mer. De nombreux villages sont échelonnés sur des rochers et monticules dominant des gorges enfermant des petites sources ruisselant à travers des ombrages verdoyants. Partout où le manque d'arbres le permet, on utilise toute la terre végétale par terrasse, et un milliers de petits champs de blé, d'un vert éclatant, occupent les endroits qui étaient perdus autrefois.

Tout à l'entour, une masse de châtaigniers gigantesques promettait un ombrage délicieux pour l'été ; et l'air si pur et si frais, qui vous donne la vie à chaque pas, lui méritent bien la réputation déjà accordée à ces localités.

Le charmant village de la Porta, composé de divers hameaux, était à nos pieds ; et suivant la direction du ruisseau qui le cotoie, l'œil se repose sur la partie de la plaine où le Fiùm'alto s'embouche dans la mer, en ce moment splendide sous les rayons dorés d'un soleil matinal.

Le rocher escarpé de Santo Pietro, s'élève au-dessus de toute la chaîne située à notre gauche ; sa forme est découpée et beaucoup plus imposante de ce coté, que de celle opposée, et que l'on a toujours devant soi en venant d'Ajaccio à Bastia.

Une masse curieuse de notre primevère souffrée avec *l'hepatica bleu* simple, bordait la route et contrastait avec une forêt de houx, de chênes vert, de hêtres, etc, des plus attrayantes.

Après avoir traversé le col de Prato di Morosaglia, la route qui descend toujours à Ponte alla Leccia, vous laisse jouir de la plus belle vue que l'on puisse voir, du monte Rotondo. Elle est vraiment unique, et ressemble singulièrement à l'*Ortler Spitz* en Suisse. Toute la chaîne de Monte Cinto, Artica et le Niolo sont aussi devant vos yeux ; mais le Rotondo, à lui seul, vaut la peine du voyage.

En traversant le village de Morosaglia on aperçoit la maison de Pasquale Paoli, le héros Corse. Plus grande que les autres bâtiments à côté, mais ne différant nullement comme construction. Le rocher sur lequel elle s'élève se partage avec ses voisins, les pierres sont de la même teinte noire, les fenêtres sans vitrage, les mêmes châtaigniers l'ombragent avec celles à côté, le même petit ruisseau coule devant toutes ces maisons.

Impossible de décrire le paysage enchanteur d'une vingtaine de hameaux pittoresquement groupés au-dessus et au-dessous de la route. La plus grande partie grimpant sur des rochers, quelques uns à pic, d'autres isolés dominant une gorge escarpée et sombre, au bas de laquelle coulait un beau torrent arrosant des terres cultivées parsemées par ci, par là, de beaux arbres de diverses essences, car le châtaignier commence à se remplacer par l'arbre de Minerve et d'autres. Peu à peu, la vallée du Golo se déployait devant nous et tandis que les montagnes perdaient leur aspect verdoyant, la route de Calvi se montra, ainsi que celle de Bastia, avec sa poussière accoutumée, et enfin nous gagnâmes Ponte alla Leccia, à 28 Kilomètres de Stazzona. Au lieu de s'occuper de mauvais air à Ponte alla Leccia, on ferait beaucoup mieux de profiter des eaux du Golo et des quatre routes qui s'y réunissent, pour fonder une ville, remplaçant ces quelques maisons, et le mauvais air disparaîtrait à coup sûr.

P

L'hôtel d'Europe à Corte nous donna un bon déjeuner d'autant plus apprécié après la frugalité des repas de ces derniers jours. L'hôtel a énormément gagné depuis ma première visite, et les voyageurs peuvent parfaitement y séjourner grâce aux bons soins de madame veuve Cervione (1) et ceci est d'autant plus agréable que Vivario, a gagné son escalier en marbre; mais qu'il a perdu les chambres de la maison autrefois destinées aux étrangers et retenues, maintenant, par la famille elle-même. La Foce est toujours une promenade intéressante; c'est pour la dixième fois que je traverse ce col ; mais celle qui m'a paru la plus avantageuse c'est celle que je fis au coucher du soleil, à cause du coup d'œil dont on jouit de la vallée de la Gravona, où les jeux de lumière parfaitement enchanteurs, étaient succédés par le plus beau clair de lune du monde.

J'ai fait ma tournée avec la calèche des Messageries-Postes et en ayant soin de faire établir des relais qui nous attendaient sur la route. Il y a d'Ajaccio à Aleria douze heures de marche ; d'Aleria à Stazzona huit, et de Stazzona en retournant à Ajaccio, par Corte, à peu près quatorze.

(1) On me dit que cet hôtel ayant changé de mains est devenu bien sale, mais que le nouvel hôtel Paoli se présente très-bien. 1872.

Avant de terminer mon livre, il faut y ajouter deux des anecdotes qui m'ont été racontées à Rogliano et que M. Piccioni a eu la complaisance de m'écrire afin de prouver que ceux qui confondent les bandits de la Corse (d'autrefois) avec les brigands des grandes routes, sont de mauvaise foi !

Il y a cinquante deux ans, un ouvrier Italien se rendait de Corte à Bastia, dans le but de s'embarquer pour Livourne, après la fin de la campagne d'hiver. Chemin faisant il rencontra, aux bouches d'Omessa, un malfaiteur de mauvaise mine, qui, en déclinant le nom de Gallocchio, fameux bandit de l'époque, lui demanda: *la bourse ou la vie !*

Le pauvre ouvrier, saisi de terreur, détacha sa ceinture en cuir, contenant près de 300 francs, fruit de son travail et de ses économies, pour la vider entre les mains de ce misérable va-nus-pieds. Après avoir reconquis, ainsi, sa liberté compromise, l'honnête ouvrier continua sa route, en se retournant de temps en temps du côté de celui qui lui avait dérobé son trésor. Il pleurait l'argent perdu qu'il destinait au soulagement de ses vieux parents et sur lequel il avait fondé tant d'espérances ! Arrivé à la hauteur de *Caporalino*, il rencontra un homme bien mis, ayant l'apparence d'un *Gentleman*.

Les larmes et la tristesse qui voilait encore

son visage attirèrent l'attention de l'étranger qui lui demanda : " Pourquoi pleures-tu brave homme? Quel est donc le motif de ton chagrin "? Après quelques moments d'hésitation, l'ouvrier, raconta à l'inconnu, sa triste mésaventure. L'étranger, en dissimulant sa surprise, lui demande alors s'il connaissait *Gallocchio le bandit* et s'il l'avait jamais vu avant cette fâcheuse rencontre ? Sur la réponse négative de l'ouvrier il ajouta : " si tu ne connais pas *Gallocchio le bandit*, tu reconnaîtras, du moins, *Gallocchio le voleur ?* " et après s'être assuré qu'il en avait bien retenu le signalement, il lui dit : rassure-toi, je suis le véritable *Gallocchio*, le misérable qui t'a volé a emprunté mon nom pour mieux cacher sa honte et se dérober au châtiment des lâches. Il expiera, sur le champ, son crime et j'en purgerai la terre ! Suis-moi, en attendant, afin que je puisse te faire restituer ton argent ?

Enfin, non loin du lieu de la perpétration de ce forfait, les deux voyageurs rencontrèrent le *faux Gallocchio, Gallocchio le voleur....*

Le vrai Gallocchio n'eut pas de peine à faire rendre l'argent volé. Il se disposait ensuite à tuer le coupable d'un coup de carabine, quand l'ouvrier effrayé, se jettant à ses pieds, implora miséricorde en faveur de son agresseur.

Gallocchio se laissa toucher et consentit, pour

cette fois, à ne pas salir ses mains dans le sang de
ce vilain malfaiteur ; il y mit cependant certaines
conditions : Le voleur fut attaché à un arbre, la
brigade de *Caporalino* fut mandée pour s'en saisir
et le mettre entre les mains de la justice. Cela fait,
le bandit chargea l'ouvrier italien de se présenter,
avant de s'embarquer, au procureur du Roi, de
lui raconter ce qui s'était passé et d'ajouter comme
conclusion : " c'est ainsi, m'a chargé de vous dire
le bandit, que Gallocchio rend justice au nom du
Roi " !

L'anecdote suivante se rapporte à une petite
scène qui a eu lieu en 1850, sous le gouvernement de la République, et à l'occasion de la déli-
mitation des forêts domaniales de cette Ile. Un
Inspecteur des domaines, en compagnie d'autres
employés de l'administration forestière, fit halte,
un jour, à Girolata.

Pendant qu'ils étaient à table, ils reçurent la
visite d'un jeune paysan, aux allures un peu sus-
pectes et auquel, cependant, ils offrirent courtoise-
ment de prendre part à leur frugal repas.

Le jeune insulaire déclina modestement l'ho-
neur qu'on lui faisait, et, en s'adressant à M. l'Inspecteur, il lui tint ce langage : l'on m'a assuré que

vous avez de la bonne poudre de chasse, j'ai osé,
en conséquence, me présenter chez vous pour
vous prier de m'en céder une petite quantité, en
la payant comme de juste !

M. l'Inspecteur, dont la fatigue de la journée
avait probablement altéré la bonne humeur habi-
tuelle, croyant avoir à faire à une personne sus-
pecte, lui répondit sèchement " je ne donne pas
la poudre pour tirer aux hommes. "

Le paysan vivement piqué par cette réponse
inattendue, se leva brusquement et prit congé des
témoins de l'affront qu'il venait de recevoir.
M. l'Inspecteur s'apercevant, un peu tard, qu'il
avait visé trop juste, et afin d'atténuer autant que
possible les conséquences fâcheuses de sa grande
franchise, invita poliment l'offensé à boire avec
lui, ce que ce dernier se détermina à accepter
d'assez bonne grâce ; il lui offrit, ensuite, une
pièce de cinq francs, pour acheter de la poudre ;
mais l'inconnu, en la refusant, ajouta d'un ton
décidé : " Je n'accepte pas de l'argent. "

Aussitôt qu'il se fut éloigné, ceux qui l'avaient
reconnu, s'écrièrent d'une commune voix, en
s'adressant à l'Inspecteur : quelle malheureuse
imprudence venez-vous de commettre ? Comment
avez-vous pu traiter de la sorte, le plus terrible
des bandits, le redoutable Serafino...?

Cette brusque révélation déconcerta assez M. L'Inspecteur ; il regretta amèrement sa faute, mais il n'en était plus temps ; il lui fallut donc prendre son parti.

Le lendemain de cette petite scène champêtre et de très-bonne heure, pendant que ses compagnons dormaient encore, M. l'Inspecteur prit son fusil, emmena son chien et une fois dans la forêt il commença par abattre une perdrix. Sur ces entrefaites, Serafino, le Serafino de la veille, l'oreille au guet, le nez au vent, sort des bois, s'achemine vers M. l'Inspecteur, l'aborde et lui fait compliment sur son adresse de tirer au vol.

L'Inspecteur, un peu déconcerté par cette rencontre matinale, l'accueille poliment à son tour et parle au bandit en ces termes : " Je chasse dans ces solitudes domaniales, afin de procurer à mes compagnons quelques provisions pour la journée ; cependant voici ma boite à poudre, c'est tout ce qui me reste. Je la mets entièrement à votre disposition. " Serafino le remercia, puis il ajouta : " Hier au soir, je n'en avais pas et je pris la liberté de vous en demander ; mais, ce matin, je puis vous en offrir à mon tour. " En effet, le bandit avait eu soin de réunir pendant la nuit, toute la poudre que M. l'Inspecteur avait l'habitude de donner à ses gardes. M. l'Inspecteur l'invita, alors, à chasser avec lui, mais Serafino, avec un sourire malin et ironique le remercia gentiment, et en véritable académicien, il ajouta : " Je n'emploie pas la poudre *pour tirer aux oiseaux !* " Cela dit, le bandit disparut de nouveau dans les bois de Filosorma pour ne plus reparaître. Voilà donc la vengeance d'un bandit qui a tué, avant ou après, seize personnes ! Convenez que cet homme autrement élevé, aurait pu devenir une âme d'élite, prête à donner cent fois sa vie pour sauver celle de son semblable. Avoir tué seize personnes parait atroce, sans doute, mais quand je me trouvais à Rome, en 1825, un homme âgé seulement de 58 ans, que l'on guillotina, en avait tué 56.

———

Il y a trois ans que deux voyageurs Anglais, sont débarqués à Calvi venant par le courrier de Marseille. Le lendemain, continuant leur route par la diligence, ils s'arrêtèrent à l'Ile-Rousse. Arrivés là, l'un deux s'aperçoit qu'il a laissé tout son argent (90 Napoléons d'or qu'il portait ordinairement dans une ceinture), dans sa chambre à coucher à Calvi, sous son oreiller ! Que faire ? attendre la diligence serait perdre sa journée.

Il se mit à la recherche d'un cabriolet, mais sans succès ; aussi, se décida-t-il à se mettre en route, à pied. Sous peu, il fut rattrapé par un paysan conduisant un bon petit cheval attelé à une carriole. Bientôt, la conversation commence et l'étranger fut prié de monter en voiture, puisque le paysan devait se rendre à Calvi, pour prendre des marchandises venant de Marseille. L'Anglais se réjouissait beaucoup de sa bonne fortune et la promenade fut des plus agréables. Arrivé à Calvi, le maître d'hôtel où il avait logé, lui exprima toute sa joie de pouvoir lui remettre sa ceinture sans attendre la diligence du lendemain, par laquelle il avait l'intention de l'expédier. Voilà donc mon ami, (car l'Anglais me raconta ceci de vive voix) prêt à retourner à l'Ile-Rousse où il laissa son compagnon ; mais comme précédemment, à défaut de voiture, il se voit forcé d'effectuer ce voyage à pied. Heureusement pour lui son ami à la carriole, le tira de nouveau d'embarras en lui disant que, ses marchandises n'étant pas arrivées, il était prêt à retourner avec lui à l'Ile-Rousse. Bref, chemin faisant, l'Anglais découvre que le Corse n'avait rien à faire à Calvi, que les marchandises étaient imaginaires et qu'il y était allé, tout bonnement, pour rendre service à un étranger, et pour toute récompense il accepta

un verre de vin. Voici un trait d'un habitant d'un
pays dont on dit tant de mal.

Pour la botanique et les coquillages de terre
et d'eau douce, j'ai à remercier un parent et ami,
bien connu dans le monde scientifique, qui a bien
voulu m'en communiquer l'énumération, ce qui
donnera une vraie valeur à mon livre. Un autre
ami Anglais m'a décrit son ascension du Monte
Rotondo, pour encourager les autres amateurs à
le suivre.

Les itinéraires des petites courses désignées ci-
après, m'ont été donnés par des dames et des
messieurs qui les ont parcourues, principalement
à pied.

La promenade de Grossetto aux bains de Guitera, (24 kilomètres) est une des plus charmantes
du monde. Des bains de Guitera à Bastelica en
traversant la " *Bocca del Bulaggio* ", le sentier
offre des points de vue ravissants ; il y a, à peu
près, entre ces deux points, huit heures de marche. A trois heures environ de distance des bains,
en passant par le village de Tasso et sur le coté
opposé de la petite rivière, on pourrait visiter la
" *Tola del Peccato* " le plus grand Dolmen qui
existe en Corse.

Les environs de Bicchisano et Petreto offrent, aussi, des promenades délicieuses pour ceux qui aiment un paysage bien boisé. Un jeune Anglais a parcouru ces alentours, et entraîné par la variété des points de vue il pénétra si avant dans une forêt de chênes-verts, qu'il n'a pas pu ensuite distinguer le sentier; il fut tout heureux d'arriver à une mauvaise petite cabane, où il y avait un peu de paille propre, sur laquelle il passa la nuit; ce qui déconcerta énormément une vache hideuse et une grande bande de cochons, qui lui disputèrent pendant longtemps, l'occupation de leur maison, en tâchant de briser la porte; ils finirent par le laisser dormir en paix. A la pointe du jour, il se remit en marche; il descendit au ruisseau qui coulait au bas de la montagne et le suivit jusqu'à ce qu'il se fut trouvé en présence de deux sentiers : choisissant le plus joli, il se trouve bientôt au village d'Aullene, où un bon déjeuner renouvela ses forces. Il continua sa promenade en traversant le village de Mocà et après une heure il était à Bicchisano.

Ce même *touriste* a grimpé aussi, sur la montagne dénommée '' L'homme de Cagna '' rocher aux gros blocs escarpés, qu'on voit à gauche entre Sartène et Bonifacio. Pour cela, il coucha au petit village de Pianottoli, sur la route d'Ajaccio à Bonifacio, et se mit en route de bon matin avec un guide; après huit heures d'une marche, assez pénible, il ne put pas atteindre le sommet, ou *la tête* de l'homme, à cause de la présence de la glace. Je me suis permis de douter si cela en valait la peine.

Les huit heures que l'on met de Bicchisano, par le col St-Eustache à Aullene et Serra, seraient plus fatiguantes à cheval qu'à pied.

De Serra, par Sorbollana et Quenza, à Zonza, 3 heures.

De Zonza à la maison de l'Alzo, dans la forêt de Bavella, et de retour à Zonza, 32 kilomètres.

De Zonza, par San Gavino di Carbini et Levie, à St⁰-Lucie de Tallano, 18 kilomètres.

Les étrangers résidant à Ajaccio vont souvent déjeuner à Cauro; au lieu de revenir par le même chemin on peut faire un petit détour charmant, en passant par les villages d'Eccica et Suarella. Une descente assez rapide, mais fort agréable, vous mène au pont de *la Vanna*, qui franchit le Prunelli dans un ravin de grands rochers, et où l'on peut s'amuser à pêcher à la ligne. Les truites sont délicieuses. On y trouve le vrai " *Salmo Faris* " avec ses belles taches rouge, jaune et noir. On en prend, quelquefois, qui pèsent de 7 à 10 livres.

La route continue dans la vallée en cotoyant, pour ainsi dire, la rivière et en laissant, à gauche, le vieux " *Ponte a Pietra,* " ouvrage Génois, par où passait le chemin d'autrefois. Tout près du hameau la Bastelicaccia, on trouva tout récemment un grand Sarcophage en marbre blanc, avec des sculptures en bas relief ; on le dit du temps des Romains. Il est en ce moment déposé dans une écurie et soigneusement dérobé aux regards des curieux.

Je préviens mes lecteurs que, les cochers éviteront ce détour, s'ils peuvent, en fabricant toutes sortes de difficultés ; il n'y en a point. Ils retrouveront la grande route d'Ajaccio à Bonifacio, à la rampe de Putizzo-Vena.

Dans la ville même se trouve le Parc charmant de la famille Sebastiani, que les étrangers peuvent visiter et où on leur permet de se promener comme bon leur semble.

Les environs d'Ajaccio, offrent aussi plusieurs bonnes routes carrossables, et une promenade de deux ou trois heures vous montre de charmants points de vue. L'une de ces promenades se fait, en suivant le chemin d'Alata jusqu'à l'embranchement qui mène au village de ce nom : vous suivrez celle qui va tout droit, vous passerez la maison de campagne du Pruno, vous traverserez la petite vallée bien cultivée, vous monterez le coteau opposé et vous continuerez jusqu'au haut, là où le chemin se termine en *macchie*, au col Carbinica, d'où l'on jouit d'une vue splendide, y compris Cargese et Appietto.

A votre retour, rien de plus admirable que le tableau situé à vos pieds : le golfe, encadré de ses montagnes, Ajaccio et ses environs parsemés de maisonnettes blanches brillant parmi les vignes et le feuillage épais des oliviers, cet arbre qu'un écrivain Anglais, en 1868, disait *très-rare !*

Une autre promenade fort jolie vous mène à la villa " *Il Mozzo,* " dans la propriété Sebastiani. La montée est fort raide pour les chevaux, mais en laissant la voiture à la maison, on continue à pied par un sentier ouvert à travers un bois charmant, à l'extrémité duquel se trouvent de beaux rochers et de beaux arbres, qui vous invitent à un *Pique-nique.*

Une autre route vous conduira à la villa de M. de Pietra Santa, dans un jardin délicieux, ou plus haut encore, à celle de M. Stephanopoli, promenade très-agréable, sous tous les rapports, et fort peu connue.

La route des Sanguinaires étant terminée, on peut aller de Vignola jusqu'à la Tour de la Parata, qui est l'endroit le plus rapproché des îles Sanguinaires, et où l'on peut bien se rafraîchir avec une bonne brise de mer.

Les amateurs de coquillages, feraient bien de traverser le pont sur la Gravona, à Campo di Loro, et alors descendant de voiture, ils suivront un petit sentier qui longe la rivière et qui conduit à la plage. En fouillant parmi les racines, dans le sable le plus près de la mer, on trouvera le *Helix tristis* en masse.

Le *Helix raspaillii*, est infiniment plus rare, mais on peut en trouver quelque fois dans les vignes. Le *Helix Aperta*, est très-commun.

Plusieurs voyageurs m'ayant demandé comment ils pourraient voir une des forêts " *au plus vite,* "

je donne l'avis suivant : Louer une petite calèche,
à deux chevaux, à raison de vingt francs par jour
(la bonne main comme extra) et les envoyer coucher à Bocognano, (40 kilomètres), les faire partir
de là, de grand matin, le jour après, pour traverser la Foce, en vous faisant attendre au hameau
d'Omellina.

Le lendemain vous partirez d'Ajaccio par la
Berline de 4 heures du matin et ayant trouvé votre
calèche, vous continuerez votre route en traversant la forêt de Sorba, (au-dessus de Vivario) et en
descendant à Ghisoni pour coucher. En partant de
bonne heure, le surlendemain matin, on traversera
la forêt de Marmano, ainsi que celle de San Pietro
di Verde. Visitez les bains de Guitera et allez coucher à Sainte Marie-Siché dont les environs sont
ravissants. Le jour après vous rentrez à Ajaccio
par Grosseto et Cauro.

On m'assure que Grosseto, Bicchisano, Propriano, Ste-Lucie de Tallano et les Bains de Guagno
ont énormément gagnés ces derniers temps et que
les touristes s'y trouveront fort bien. Cauro aussi,
a fait beaucoup de progrès ; dans ses environs il y
a des promenades charmantes.

Me voilà à la fin de ma quatrième année de

voyages en Corse et de ma cinquième de séjour à
Ajaccio. Mes amis ont bien voulu me proposer de
faire traduire ce livre, et j'ose espérer qu'ils n'auront pas de regret de m'avoir fait cette proposition.
Insulaire comme eux, je serais bien heureuse si je
pouvais parvenir à leur faire connaître et *tant
soit peu* imiter, l'énergie et l'esprit d'entreprise de
mes compatriotes. Quelles richesses ne laissent-ils
pas échapper par leur indifférence pour l'agriculture et la pêche ? Que l'on médite bien sur ce qui
suit et l'on aura la preuve certaine des bénéfices
que l'on peut tirer de la mer. « Les parties les
« plus fréquentées pour la pêche, sont infiniment
« plus fécondes en nourriture, que la même éten-
« due de terre, même la plus riche. Une fois par
« an, un arpent de bon terrain, soigneusement
« cultivé, produira un tonneau de blé, ou deux
« ou trois cents livres (en poids) de viande ou de
« fromage. La même étendue au fond de la mer,
« où la pêche est reconnue être bonne, donnera
« au pêcheur, *toutes les semaines de l'année*, un
« bien plus grand résultat. Cinq bateaux, dans
« une nuit, ont pris 17 tonneaux de poissons, ce
« qui égalait le poids de 50 bœufs et de 300 mou-
« tons anglais. L'étendue de la mer parcourue
« pendant la nuit, ne comptait pas plus de 50
« arpents. En comparant cette étendue à une

Q

« égale étendue de terrain, on verra que la mer
« donnera plus de nourriture dans *une nuit*, que
« la terre la mieux cultivée, dans une année
« entière. » Et ce golfe magnifique d'Ajaccio qui
est utilisé par si peu de monde ? Qu'on se rappelle
les paroles d'un auteur Français (M. Boyer). " La
fertilité du champ béni, la mer, ne se repose
jamais : source intarissable qu'aucune coupe ne
vide, qu'aucun soleil ne dessèche, qu'aucun vent
ne tarit. "

Je vois avec grand plaisir que, depuis 1868, la
propreté des hôtels et de la ville d'Ajaccio s'est
améliorée considérablement : j'ai eu lieu de le
constater, car j'habite l'hôtel de France depuis
1869.

Il serait temps que l'on songeât à commencer
les travaux nécessaires pour faire à la promenade
de la chapelle des Grecs, les améliorations que sa
situation lui donne le droit de réclamer. Il serait
à désirer, de même, que l'on fasse construire, au
plus tôt, des villas sur le cours Grandval, afin que
les étrangers puissent trouver tout le confortable
désirable dans un *Sanatorium* qui, je crois, est
sans rival sur toute l'étendue de la méditerranée
du Nord et que le nouveau service des bateaux de

Bône permet de gagner, avec avantage, après une traversée de 14 heures.

Bastia aussi, a gagné sous beaucoup de rapports ; mais je me demande, avec étonnement, comment dans une cité si belle et si riche, il ne se trouve pas un seul magistrat doué d'un peu d'humanité ? Comment, toutes ces belles dames avec leur toilettes Parisiennes, ces messieurs, ces prêtres, tout le monde enfin, comment, dis-je, peuvent-ils passer nonchalamment dans *la grande rue*, sans empêcher les mauvais traitements que l'on fait subir aux malheureux chevaux et mulets ? Les étrangers ont bien raison de dire que " *les Corses ne sont pas civilisés.* " C'est surtout les dimanches que ces horreurs se font, et personne ne dit un mot ! Pourtant, on m'assure qu'il y a une loi Grammont qui protège les animaux ! si les hommes qui sont au pouvoir ne les font pas respecter, comment peuvent-ils s'attendre à être respectés eux-mêmes ? Les charges entassées sur les charrettes, sont tellement au-dessus des forces des bêtes infortunées qui y sont attelées, qu'elles ne peuvent pas les traîner ; c'est alors que les charretiers, avec une brutalité atroce, se mettent à les battre comme des bêtes féroces. Et tout ceci se passe dans la rue la plus belle et la plus fréquentée de la capitale commerçante de la Corse.

Ceci ne veut pas dire, cependant, que les charretiers d'Ajaccio doivent être moins surveillés que ceux de Bastia? non; mais je crois qu'il y a une certaine amélioration depuis l'arrivée des étrangers.

Pendant l'administration de M. Géry, Ajaccio fut désignée comme station d'hiver. Le Théâtre et les réunions gracieuses à la Préfecture, donnaient un élan agréable à la société. Ses successeurs connaissent très-bien tous les avantages que la ville, et le pays en général, pourraient en tirer, si la colonie devenait florissante; il faut espérer qu'ils feront tout ce qui dépendra d'eux pour contribuer au bien être de ce cher pays, car la prospérité de Nice et de la Riviera ne provient, absolument, que de la présence des étrangers.

Il est bien reconnu, aujourd'hui, que le climat d'Ajaccio est infiniment préférable à celui de ces deux stations, autrefois à la mode. Espérons donc, que ce ne sera plus un roman; mais une vérité de nos jours et que la prédiction de Rousseau, en parlant de la constance et de la fermeté du caractère Corse, trouvera dans cette circonstance son application : *J'ai le pressentiment qu'un jour cette petite île étonnera le monde.*

Quant à moi, étrangère au pays par ma naissance, mais associée de cœur avec tous ceux qui veulent y faire du bien, je dis : Travaillons hardiment pour arriver à notre but; que justice soit rendue à la Corse, prouvons qu'il suffit de la connaitre pour s'y attacher et que lorsqu'on l'aime c'est pour la vie !

Hôtel de France, Ajaccio, — mai 1872.

APPENDICE.

ARRIVÉES ET DÉPARTS DES COURRIERS
A AJACCIO ET D'AJACCIO.

Arrivées.

1º Le mardi par le bateau qui arrive à Bastia le lundi ;

2º Le jeudi par le bateau qui arrive alternativement à Calvi ou à l'Ile-Rousse, le mercredi ;

3º Le jeudi par le bateau venant de Marseille à destination de Bône ;

4º Le jeudi, chaque quinze jours, par le bateau venant de Nice à Ajaccio ;

5º Le vendredi, chaque quinze jours, par le même bateau ; mais arrivant à Bastia ;

6º Le samedi par le bateau venant directement de Marseille.

Départs.

1º Le mardi par le bateau qui part directement d'Ajaccio ;

2º Le jeudi par celui qui part directement de Bastia (1) ;

3º Le vendredi par le bateau venant de Bône à destination de Marseille et qui part le soir de son arrivée, à 6 heures (2) ;

(1) Il faut jeter à la poste le mercredi matin pour profiter de ce courrier ; la dernière levée a lieu de 9 h. à 9 h. et demi).

(2) Ce départ n'est renvoyé au lendemain matin qu'en cas de retard à l'arrivée.

4° Le samedi par le bateau qui part directement de
Calvi ou de l'Ile-Rousse (1) ;

5° Le samedi par le courrier de Nice arrivant à Ajaccio
le jeudi et partant à 6 h. du soir ;

6° Le samedi par le bateau à destination de Nice et
partant de Bastia ;

N. B. Le départ et l'arrivée des bateaux dépendent
nécessairement du temps qu'ils peuvent rencontrer en
route.

Les lettres pour l'Italie partent de Bastia les lundis et
les jeudis par la Cie Rubattino de Gênes et le mardi
matin par la Cie Valery.

Les bateaux de la Cie Rubattino reviennent de
Livourne à Bastia les dimanches et les mercredis soir
et ceux de la Cie Valery, reviennent les lundis soir.

Les lettres mises à la poste à Ajaccio, au départ du
courrier du mardi matin, seront à Paris, *via* Marseille,
le matin du jeudi suivant, à temps pour le train de Calais,
arrivant à Londres le soir même et dans le nord de
l'Ecosse le vendredi au soir. Les lettres qui partent les
autres jours restent *un jour* de plus en route.

Le bureau de poste se trouve vis-à-vis de la grande
carrière de Cannetto, Cours Napoléon, n° 37. Il y a des
boîtes en ville : l'une près de la porte d'entrée de la
Préfecture, une autre à l'hôtel de ville et la 3me dans la
rue du Roi de Rome. Elles sont toutes aussi sûres que

(1) On profite de ce courrier en jetant à la boîte le vendredi matin par la voiture de 1^t heures. La dernière levée
à lieu de 9 h. à 9 h. et demi du matin.

celle centrale. Le bureau Télégraphique se trouve dans la maison jaune, Cours Napoléon, n° 2, presque à côté de la librairie de M. Rocca-Tartarini, qui a publié un guide de la Corse et qui tient un assortiment admirable de photographies de la Corse ; mais, malheureusement, pas une seule vue de fôret. Il vend des cartes du département de la Corse.

On peut acheter de très-jolis stylets ou armes blanches dont on se servait du temps de la *Vendetta,* chez le coutelier, Colonna, Jean-Baptiste, dont l'énorme meule est mise en mouvement par un manége que fait marcher un petit cheval Corse. La porte d'entrée est surmontée de la tête d'un cerf avec ses bois ou cornes.

De très-belles gourdes, dont les hommes se servent pour porter le vin, se trouvent chez M. Antoine Cuttoli. Ces deux magasins sont situés dans la rue Stephanopoli qui fait face entre la fontaine de la Caserne et la Préfecture.

Les meilleures gourdes montées en argent, se trouvent à Bastia ; on en trouve également à Ajaccio chez M. Campi, bijoutier et qui demeure dans la même rue que le coutelier à la tête de cerf.

Les chants indigènes sont monotones et peu intéressants. Un *Vocero* a été imprimé ; il se trouve à la librairie de M. de Peretti.

Tarif pour les Chevaux de Poste.

NOMS DES VILLES.	DISTANCES en kilomètres.	PRIX D'UNE CALÈCHE AVEC DEUX CHEVAUX, par kilomètre.			
		Deux personnes, 80 c.	Trois personnes, 95 c.	Quatre personnes, 1 fr. 10 c.	Cinq personnes, 1 fr. 25 c.
		Fr. c.	Fr. c.	Fr. c.	Fr. c.
Ajaccio à Corte.	84	67 20	79 80	92 40	105 »
Corte à Bastia..	69	55 20	65 55	75 90	86 25
Corte à Calvi. .	99	79 20	94 05	108 90	113 75
Calvi à Bastia..	69	75 20	89 30	103 40	117 50
Ajaccio à Vico.	55	44 »	52 25	60 50	68 75

Comme extra, bonne-main au postillon.

Cinq kilomètres valent trois milles Anglais.
Un kilomètre vaut les 5/8 d'un mille Anglais.

DILIGENCES POUR LE COURRIER ET LES VOYAGEURS.

Une berline singulièrement petite, fait le service entre Ajaccio et Bastia, et *vice versa*. Outre les lettres, elle prend quatre personnes dont le prix pour chaque place est de 37 francs. Quittant Ajaccio à 4 heures du matin, elle doit arriver à Bastia à cinq heures de l'après-midi. Pendant le trajet on dîne à Corte ou à Vivario. Cette voiture prend à peine le bagage strictement nécessaire, la diligence qui part tous les jours à 11 heures du matin, transportant les gros colis.

Je donne ci-après les heures de départ et d'arrivée des diligences dans les différentes localités traversées.

D'Ajaccio à Bastia.

A 11 h. du matin. — On quitte Ajaccio.
A 6 h. du soir. — On arrive et on dîne à Vivario pour partir une heure après.
A 10 h. du soir. — On arrive à Corte ; on repart une heure après.
A 1 h. du matin. — On arrive à Ponte alla Leccia.
A 7 h. du matin. — Arrivée à Bastia.

Coupé { 3 places à 24 f l'une. Intérieur { 6 places à 16 fr. l'une.

De Ponte alla Leccia à Calvi.

A 1 h. et 1/2 du m. — On quitte Ponte' alla Leccia.
A 6 h. du matin. — On traverse Belgodere.
A 11 h. du matin. — Arrivée à Calvi.

Coupé { 3 places à 9 fr. 10 c. l'une. Intérieur { 4 places à 7 fr. l'une.

De Calvi à Ponte alla Leccia.

A 7 h. du matin. — On quitte Calvi.
A Midi. — On traverse Belgodere.
A 4 h. du soir. — Arrivée à Ponte alla Leccia.

Mêmes prix que ci-dessus.

De Bastia à Ajaccio.

A Midi.	—On quitte Bastia.
A 8 h. du soir.	—On arrive à Corte, on y dîne et on repart une heure après.
A Minuit.	—On arrive à Vivario.
A 7 h. du matin.	—Arrivée à Ajaccio.

Mêmes observations que pour la traversée d'Ajaccio à Bastia.

De Bastia à Calvi.

A 7 h. du matin.	—On quitte Bastia.
A 10 h. et 1/2 du m.	—On déjeune à St-Florent.
A 3 h. du soir.	—On arrive à l'Ile Rousse.
A 6 h. du soir.	—Arrivée à Calvi.

Coupé { 3 places à 12 fl'une.
Intérieur { 4 places à 10 fr. l'une.

De Calvi à Bastia.

A 6 h. du matin.	—On quitte Calvi.
A 9 h. du matin.	—On déjeune à l'Ile-Rousse.
A 2 h. et 1/2 du s.	—On arrive à St-Florent.
A 6 h. du soir.	—Arrivée à Bastia.

Mêmes prix que pour le trajet de Bastia à Calvi.

D'Ajaccio à Vico.

A 11 h. du matin.	—On quitte Ajaccio.
A 5 h. du soir.	—On passe à Sagone.
A 7 h. du soir.	—Arrivée à Vico.

Coupé { 3 places à 6 f. 70 c. l'une.
Intérieur { 4 places à 5 f. 40 c l'une

De Vico à Ajaccio.

A 10 h. du matin.	—On quitte Vico.
A 11 h. et 1/2 du m.	—On passe à Sagone.
A 4 h. et 1/4 du s.	—Arrivée à Ajaccio.

Mêmes prix que ci-dessus.

D'Ajaccio à Sartene.

A 11 h. du matin. — On quitte Ajaccio.
A 3 h. et 1/2 du s. — On passe à Grosseto.
A 6 h. du soir. — On arrive à Bicchisano
et on y dîne.
A 9 h. du matin. — On arrive à Olmeto.
A 9 h. et 1/2 du m. — On arrive à Propriano.
A Midi. — Arrivée à Sartene.

Coupé { 3 places / à 10 f. l'une
Intérieur { 6 places à 8 fr. l'une.

De Sartene à Ajaccio.

A 7 h. du soir. — On quitte Sartene.
A 7 h. du matin. — Arrivée à Ajaccio.

Mêmes prix que ci-dessus.

De Sartene à Bonifacio.

A 1 h. du matin. — On quitte Sartene.
A 7 h. du matin. — Arrivée à Bonifacio.

Coupé : 6 fr.
Intérieur : 5 fr.

De Bonifacio à Sartene.

A 8 h. du matin. — On quite Bonifacio.
A 4 h. du soir. — On arrive à Sartene.

Mêmes prix que ci-dessus.

De Bastia à Bonifacio.

A 10 h. du matin. — On quitte Bastia.
A 7 h. et 1/2 du s. — On dîne à Ghisonnaccia.
A 11 h. du soir. — On passe à Aleria.
A 11 h. et 1/2 du s. — On passe à Solenzara.
A 7 h. du matin. — Arrivée à Bonifacio.

Coupé : 24 fr.
Intérieur : 16 fr.

De Bonifacio à Bastia.

A 8 h. du matin. — On quitte Bonifacio.
A 11 h. du matin. — On déjeune à Portovec-
                chio.
A 6 h. du soir. — On dîne à Migliacciaro.
A 11 h. du soir. — On passe à Aleria.
A 7 h. du matin. — Arrivée à Bastia.

Mêmes prix que ci-dessus.

De Bastia à Rogliano (Cap Corse.)

A 10 h. du matin. — On quitte Bastia.
A Midi et demi. — On passe à Sta-Severa
              (Marine de Luri).
A 2 h. du soir.   — Arrivée à Rogliano.

Coupé : 4 f. 50 c.
Int.   : 3 f. 75 c.

De Rogliano à Bastia.

A 11 h. du matin. — On quitte Rogliano.
A Midi et demi.   — On arrive à Sta-Severa.
A 4 h. du soir.   — Arrivée à Bastia,

Mêmes prix que ci-dessus.

Le prix moyen du transport des voyageurs par les diligences est de *dix centimes* par kilomètre et par personne.

D'AJACCIO A LA FORÊT DE BAVELLA.

La Bocca Bavella est élevée de 3750 pieds au-dessus
du niveau de la mer.

ALTITUDE DES DIFFÉRENTES MONTAGNES
DE LA CORSE.

✸ Monte Cinto	2710	00
✸ — Rotondo	2624	50
✸ — Paglia Orba	2525	50
✸ — Padro	2392	50
✸ — d'Oro	2390	80
✸ — Renoso	2357	40
P.T.Capo Tafonato	2345	00
✸ Monte Artica	2328	80
✸ — Traunato	2179	60
✸ — Incudine	2136	00
✸ — Grosso	1940	90
P.T.Coscione	1765	00

✸ Altitudes prises géodésiquement.

P. T. Points topographiques.

Les altitudes marquées ✸ ont été prises par MM. les officiers du Dépôt de la Guerre, et communiquées à l'auteur par l'obligeance de M. le colonel d'État-Major Borson.

ASCENSION DU MONTE ROTONDO
FAITE PAR UN AMI.

Je quittais Corte, le 29 juillet 1869, avec trois mules : une pour moi, une pour mon compagnon de voyage et l'autre chargée de provisions. Le sentier longe le ravin de la Restonica pendant quelque temps, pour traverser ensuite la rivière à gué, les mulets passant d'un côté et nous

de l'autre. A cet endroit, parmi les rochers, se voyaient
quelques touffes de la *Ruta Corsica*, avec ses feuilles
bizarrement découpées. Du côté opposé, une montée très-
escarpée nous conduit à travers une forêt tapissée de
Robertsia taraxacoïdes; le *Sedum cruciatum* y était
en moins grande abondance.

Après quelques heures de marche, nous quittâmes la
Restonica, pour suivre un de ses affluents qui longe le
versant occidental du Monte Oriente (le sommet le plus
à l'Est du Monte Rotondo) et qui conduit à la bergerie
de Timozzo, où je devais passer la nuit.

Le sentier s'étend le long de la rive droite du torrent
de l'Oriente jusqu'à une espèce de vallée ou bassin, sur
l'autre côté de laquelle s'élèvent les cabanes en pierre
composant la bergerie. Tout d'abord et lorsqu'on les
aperçoit, elles se distinguent à peine des rochers de peu
de hauteur qui les entourent.

La réception fut très-cordiale, sans que les hôtes de ces
étranges demeures manifestassent la moindre surprise. Les
Corses ont rarement l'air surpris de quoi que ce soit.

On mit à ma disposition une cabane toute entière, se
composant de quatre murs en pierre, d'un toit et, ce qui
mérite une observation spéciale, d'un véritable plancher.

Cette hutte était aussi de la plus grande propreté, mais
absolument vide: ni foin, ni paille. Probablement on s'en
servait pour magasin. Devant chaque cabane se trouve
une espèce de petite cour entourée d'un mur de peu de
hauteur, barrière, paraît-il, que les chèvres ne franchis-
sent jamais. Autour de la cour et adossé au mur, se
trouve un banc. Aux vivres que nous avions apportés de
Corte, les bergers ajoutèrent du lait délicieux, le fameux
broccio, et de l'eau excellente puisée à une fontaine voi-

sine. Manquant de tasse et faute de mieux, on en fit tailler une très-satisfaisante dans un des pains : il suffit pour cela d'en ôter la mie, ainsi que me le démontra un des bergers qui me servait de guide, et dont je regrette d'avoir oublié le nom.

Je dois dire maintenant que, quoique nous eussions quitté la bergerie avant 1 heure du matin, nous atteignîmes une heure trop tard le sommet de la montagne, et cela grâce à une pente escarpée couverte de neige durcie que nous rencontrâmes en route et qu'il n'eut été possible de traverser qu'en y taillant des marches à coup de hâche. N'ayant pas pu prévoir cet obstacle, et, n'ayant pas, par conséquent, apporté les instruments nécessaires, il nous fallut faire un grand détour. Il n'est pas douteux que, sans ce retard, nous n'eussions vu une grande étendue des côtes de France, les Alpes Marimes et les Apennins. Pendant l'ascension on apercevait une partie des côtes d'Italie ; mais tout avait disparu quand nous atteignîmes le sommet.

Toutes les autres parties du paysage, au contraire, devinrent plus distinctes à mesure que la journée avançait. Je donne ces notes telles que je les ai prises, en commençant par Ajaccio qui se trouve au sud-ouest du Monte Rotondo, en continuant à main droite, c'est-à-dire, dans la direction du Nord, et en conservant, autant que possible, l'ordre dans lequel les différentes parties du paysage se sont présentées à mes regards. J'ai pensé qu'il était mieux de ne faire aucune modification à la version primitive, n'ayant plus, au moment où j'écris, le panorama sous les yeux. Il n'est pas besoin d'ajouter que je ne prétends nullement donner une description scientifique ; ce n'est qu'une simple énumération, aussi fidèle que possible, de ce qu'on peut voir de la cime du Monte Rotondo.

La pointe d'Ajaccio et un tiers environ de la ville, le reste étant caché par la Punta di San Eliseo. Le mont Pozzo-di-Borgo et les montagnes de Lisa touchant Ajaccio. Capo di Fieno et le golfe de Lava. Punta San Eliseo et la chaîne des montagnes jusqu'à la mer. De là s'étend le golfe de Liscia.

Une haute montagne boisée, au sud de la vallée de Guagno, probablement le mont Giovanni. Le couvent de Vico se voit très-distinctement, ainsi que les montagnes qui forment l'arrière plan ; mais rien du village.

Capo al Riccio et les beaux rochers de Porto, des deux côtés de la rivière du même nom. Le sommet et tout le versant S. E. du monte Artica, qui n'ont rien de remarquable. Le lac de Melo, très-beau. Les grands rocs escarpés qui prennent naissance sur les bords et s'élèvent à l'entrée de la vallée de la Restonica, se rattachent probablement au lac supérieur.

Une grande partie du lac de Nino à l'entrée de la vallée du Tavignano et, derrière, Capo alla Cuculla, la haute montagne au N. E. de la Bocca di Vergio, la chaîne de montagnes sur la rive gauche du Golo, c'est-à-dire, Tafonato, une partie du beau Paglia Orba, Cinto, et les sommets qui en dépendent, forment l'horizon au nord, quelque fois surmontée par le monte Padro, interceptant la vue de la mer.

Le monte Conia et les vallées qui s'étendent à sa gauche. A droite du mont Traunato et derrière le Monte Conia, on voit les montagnes au nord de l'Asco et, plus éloignée encore des montagnes du Cap Corse, avec la mer à droite et à gauche, toute la vallée conduisant à Ponte alla Leccia.

L'île de Capraja à droite de Corte, avec la moitié à peu près de cette ville, en y comprenant la partie supérieure de la citadelle. La route d'Ajaccio à Corte, taillée à travers les rochers à l'entrée de la ville, se voit très-distinctement, mais aucun des deux ponts.

La route de Bastia et le village de Tralonca. Une très-haute montagne couronnée de rochers représentant un vieux château, s'élève entre les îles d'Elbe et Capraja, probablement le monte San Pietro au-dessus des eaux d'Orezza. Au premier plan, vous avez le sommet du monte Oriente avec la partie la plus élevée du monte Tavola qui brise la ligne de la mer.

Une partie de la côte orientale, y compris l'étang de Diana, l'embouchure du Tavignano qui s'aperçoit très-distinctement, Casabianda et le lac d'Urbino. L'horizon est intercepté, en partie, par une chaîne de montagnes qui descend, apparemment, du Coscione et de l'Incudine.

D'autres rochers paraissent se détacher du pic ouest du monte d'Oro, dans la direction du nord, entourent le beau lac du monte Rotondo, que l'on a à ses pieds, et rejoint ensuite la montagne du même nom. Devant vous la vallée du Vecchio.

La chaîne du monte d'Oro se présente à l'ouest ; devant elle s'étend la vallée du Cruzzini qu'on aperçoit dans toute son étendue ; mais de la vallée de Guagno on n'aperçoit que le sommet des montagnes qui la bordent au sud.

Derrière le monte Renoso s'élève la chaîne des montagnes dont fait partie le Kyrie Eleison. Elle domine les sources du Fium'orbo et atteint, à ce qu'il paraît, à sa plus grande élévation, le Coscione et l'Incudine, ce dernier évidemment le plus élevé.

On découvre les côtes de la Sardaigne, à droite du pic le plus bas et le plus occidental du monte d'Oro, dans la direction de Bonifacio.

Le triple pic du Monteluccio et le col San-Giorgio qui se prolonge jusqu'à Capo di Muro. Une grande partie du golfe d'Ajaccio et les villas près de la ville, Chiavari, Coti, Castelluccio, Asinara à gauche du Cap Muro, et l'homme de Cagna à droite du Coscione, qui est le point le plus méridional de la Corse qu'on aperçoive du monte Rotondo.

Le monte Tafonato est percé d'un trou qu'on distingue mieux, paraît-il, au soleil levant et qui a donné lieu à la légende suivante, que racontent encore les vieillards du Niolo : pendant qu'il labourait avec ses bœufs, dans la plaine de Campotile, le Diable eût une dispute avec St. Martin qui voulait l'éloigner. Au fort de la querelle, comme il ne faisait aucune attention à son travail, la charrue vint à se heurter contre un rocher et se brisa. Tous les efforts pour la réparer furent inutiles, ce que voyant, le Diable dans sa colère, lança son marteau dans l'air lequel, venant à frapper la montagne, y fit ce trou énorme et tomba ensuite dans la mer, quelque part près de Filosorma ; et lorsqu'il voulut détacher ses bœufs du joug, il les trouva transformés en pierres,! St. Martin avait disparu.

RIVIÈRES.

Le Golo, un des fleuves les plus considérables de la Corse, prend sa source dans la forêt de Valdoniello, entre le Monte Tafonato et le Paglia Orba : il s'accroît de l'Asco, de la Tartagine et d'autres petits affluents, et va se jeter dans la mer, près des ruines de la ville Romaine de Mariana, à environ 20 kilomètres de Bastia.

Le Tavignano (*Rothanus des Romains*) sort des lacs de Nino et della Goria ; il reçoit la Restonica, le Vecchio, le Corsigliese et le Tagnone, pour aboutir dans la méditerranée, près des ruines d'Aleria.

Le Liamone sort du Monte Ritto, dans la forêt de Colto, et se jette dans le golfe de Sagone.

La Gravona prend sa source au Monte d'Oro et se perd dans la mer, à l'extrémité du golfe d'Ajaccio, ainsi que le Prunelli qui sort de la Serra d'Ese, et principalement des deux lacs de Bracco et de Vettelaco situés au pied du monte Renoso.

Le Zipitoli, un des affluents du Prunelli, prend sa source au monte Giovanni.

La source du Bevinco est au monte Tenila.

Le Fium'alto à monte San Pietro.

Le Taravo sort du col de Verde au-dessus de Zicavo, ainsi que le Fium'orbo, qui coule dans un lit si profond, et tellement ombragé d'arbres, qu'on l'aperçoit à peine : c'est peut-être à ceci qu'il doit son nom, *Orbo* aveugle.

Outre les fleuves ou torrents mentionnés ci-dessus, notons la Liscia, le Fango, l'Ostriconi, le Rizzanese, la Tavaria ou Valinco, la Solenzara, le Taravo, l'Ortolo, l'Oso, la Guardiana, le Grosso, le Porto, le Fiacarella, et beaucoup d'autres, dont quelques uns sont d'un volume considérable.

LACS.

Le lac du monte Rotondo, est dans une position des plus pittoresques ; il est situé au pied de la montagne dont il prend le nom. Son étendue est d'environ sept hectares ; sa profondeur est très-grande. C'est dans ce lac que le torrent le Vecchio prend sa source.

Le lac Nino ou Ino (4 hectares) sous le Monte Artica, dans le pays de Niolo, est aussi très-renommé pour la beauté de sa situation ; il abonde en excellentes truites et sert de source au Tavignano.

Le lac Melo, beaucoup plus petit, est cependant d'un aspect vraiment grandiose, à cause des beaux rochers qui l'entourent. Il est situé à l'ouest du monte Rotondo et la partie la plus considérable de la Restonica y prend sa source. Le lac Creno, à deux heures de Nino, plus petit encore, est sauvage, profond, triste et nullement poissonneux ; le Liamone y prend sa source.

Les autres lacs sont trop insignifiants pour en parler.

ÉTANGS D'EAU SALÉE.

L'Étang de Diana, l'ancien port d'Aleria, mesure 570 hectares, avec 10 à 11 mètres de profondeur d'eau. On le transformerait facilement en un des plus beaux

et des plus sûrs mouillages de la Méditerranée. Aujour-
d'hui cet étang est renommé pour ses huîtres.

Urbino, 750 hectares, dans la plaine d'Aleria.

Palo, 29 hectares, dans la plaine du Fium'orbo.

Balistro, 29 hectares, dans le golfe de Santa Manza.

Taravo, près de la rivière du même nom, 29 hectares.

L'Étang de Chiurlino servait, autrefois, de port à
Biguglia : 1800 hectares et un mètre et demi à trois
mètres, seulement, de profondeur. Le poisson et les huîtres y sont excellents ; aussi, le droit de pêche est très-
élevé. Une très-petite île, San Damiano, contenant une
Église et quelques maisons, se trouve au milieu du
lac. Je n'ai pas pu les voir.

EAUX MINÉRALES.

Les eaux sulfureuses de Pietrapola, appelées aussi du
Fium'orbo, sont excellentes. Dix autres sources considérables jaillissent du sol, de nature granitique, en
telle abondance qu'elles fourniraient 2000 bains par jour.
L'établissement, qui affecte de grandes dimensions, est
très-fréquenté, et les restes considérables de constructions Romaines, prouvent la vertu de ces eaux et l'antiquité du site. Les ruines sont bâties avec du ciment
ou mortier, semblable à celui qu'on trouve dans l'amphithéâtre et la maison carrée de Nîmes, en France.
De Pietrapola à Bastia : 80 kilomètres ; à Corte 48.

Les sources de Puzzichello, également sulfureuses,
mais froides, sont situées dans les montagnes, à environ
dix kilomètres de Casabianda et à environ deux lieues
des ruines d'Aleria. D'après la tradition la forte odeur

du soufre qui s'échappait des sources, éloignait les paysans effrayés, et les chèvres seules, voulaient s'approcher de la colline d'où coulaient ces eaux. A l'époque d'une sérieuse épizootie survenue aux troupeaux de la plaine d'Aleria, un chevrier remarqua que quelques unes de ses bêtes allaient souvent se plonger dans ces eaux, et qu'en quelques jours les ulcères dont elles étaient atteintes disparaissaient entièrement : ayant soumis les autres chèvres malades au même traitement, elles ne tardèrent pas à être guéries comme les autres. Les eaux de Puzzichello ressemblent, dit-on, quelque peu à celles de Schinznach, et d'après certains auteurs l'Europe n'en possède aucune aussi efficace, même pour les malades *incurables*. La plaine entre Puzzichello et la mer, un des steppes les plus étendus de l'île, offre la plus belle chasse du pays. De Vivario à Puzzichello, 40 kilomètres.

Les bains de Guitera sont les plus chauds de la Corse ; ses eaux sont en telle abondance, qu'on pourrait remplir une centaine de baignoires en cinq minutes. Aussi, quand un établissement confortable aura été installé, ils ne manqueront pas d'être très-fréquentés, et avec raison, car les eaux sont délicieuses. Ces bains sont à 56 kilomètres d'Ajaccio et à 6 kilomètres de Zicavo.

Les bains de Guagno, à 13 kilomètres de Vico. Ces eaux ont quelque rapport, dit-on, avec celles de Baréges. La source dénommée St-Antoine, est excellente pour les maux d'yeux.

Orezza, dans la piève de Piedicroce. Les eaux fortement ferrugineuses ont une réputation Européenne. Celles de Carlsbad, de Montecattini et de St-Moritz, dans l'Enghadine, lui ressemblent un peu ; mais celles d'Orezza sont infiniment supérieures à toutes. Elles sont situées à 50 kilomètres de Bastia. Promenades délicieuses aux environs. Hôtel à Stazzona et logements dans d'autres villages près de la source.

Les eaux de Lucciana, qui ressemblent à celles d'Orezza sans être aussi gazeuses, se trouvent à 18 kilomètres de Bastia.

La petite source de Caldaniccia, à environ 9 kilomètres d'Ajaccio, est très-fréquentée par les habitants de cette ville au commencement de l'été, on y passe la journée et on retourne le soir.

Il convient d'ajouter à ce catalogue de sources chaudes et froides, les bains de Tallano, de Baraci et de Buderango, ainsi que les eaux d'Alesani, St. Georges, Morani, Malagini, Marmorana ou Marenzana, où l'on voit encore les ruines de bains construits par les Romains.

MARBRES ET MINÉRAUX.

Le granit est très commun et de huit espèces, dont quelques unes sont extrêmement belles. Le granit dit orbiculaire de Tallano ne se trouve, dit-on, nulle autre part en Corse.

Le porphyre est gris, vert et rouge avec des taches blanches. On en trouve à Porto Vecchio d'un jaune nankin, avec des taches roses de feldspath.

Près de Corte, il y a de la serpentine d'un vert sombre et un très-beau marbre gris et blanc.

La serpentine de la vallée de Ste. Lucie, près de Bastia, est plus transparente.

Le vert antique de Bevinco est extrêmement beau et servit beaucoup, dans le temps, à décorer la chapelle Sixtine à Rome et la villa Médicis à Florence. Quelques colonnes de ce marbre obtinrent une première médaille à l'exposition de 1855, à Paris.

Il y a trois mines d'antimoine dans le Cap Corse, à Meria, Ersa et Luri ; des mines de fer à Farinole, Casinca et Alesani ; des mines de plomb argentifère, à l'Ile Rousse, Argentella, Luzipeo et Prato ; des mines de cuivre et de plomb, mais de peu de valeur, à Tartagine, minerai de cuivre à Linguizetta et Erone, et une autre très-belle à Ponte alla Leccia ; de manganèse près de la vallée d'Alesani. L'Asbeste abonde ; la fibre est plus longue que dans celle des Alpes : on en fait des cordes et, quelque fois, du papier et du carton.

On trouve du charbon près de Porto.

Je donne ci-après, l'énumération des minéraux de la Corse, par classes.

Pegmatite commune
Pegmatite graphique.
Pegmatite fragmentaire.
Pegmatite tourmanilifère.
Harmophanite commune.
Harmophanite amphibolifère.
Harmophanite micacée.
Granit ordinaire.

Nombreuses variétés de texture et de coloration.

Granit porphyroïde.
Granit porphyroïde tannifère.

Granit porphyroïde grenatifère.
Granit pegmatoïde.
Granit fragmentaire.
Granit pseudo-fragmentaire.
Granit talcifère.
Granit tourmanilifère.
Granits (rouge avec sphène) de l'Algajola.
Granit rose d'Appietto.
Granit rouge de Porto.
Granit à grenats de Sellola.
Granit hébraïque des environs de Sartene.
Granit du Scudo (constructions).

Syenilite porphyroïde.
Syenilite grenne.
Syenilite amphibolifère.

Porphyre amphibolifère.
Porphyre pétrosiliceux commun.
Porphire pétrosiliceux fragmentaire.
Porphire pétrosiliceux pseudo-fragmentaire.
Porphyre quartzifère.
Très-nombreuses variétés dues à la coloration, à la texture et à la présence d'accidents minéralogiques, tels que : l'orthose, l'oliglocuse, la pyrite, le labrade, la pyrite de fer, l'amethiste, etc, etc.

Très-beaux échantillons à recueillir.

Cristallite massif.
Cristallite fragmentaire.
Pyroméride confuse.
Pyroméride globulaire.

Pyroméride globaire.
Pyroméride ronaire
Pyroméride pseudo-fragmentaire.
Phonolite commune.
Saussurite commune.
Petrosilex commun.
Petrosilex homogène.
Petrosilex quartzeux.
Petrosilex amphibolifère.

Nombreuses variations dues à la coloration.

Aphanite trappéenne.
Ophite commune.
Ophite épidotique.
Ophite chloritée.
Ophite porphyroïde.
Ophite quartzifère.
Ophite pyroxénique.
Ophite micacifère.
Horufels amphibolifère.
Euritine commune.
Euritine chloritée.
Euritine globuleuse de Girolata.

Nombreuses variétés avec quelques accidents
minéralogiques.

Amphibolite commune.
Amphibolite compacte.
Amphibolite granitoïde
Amphibolite micacifère.
Amphibolite décomposée.

Plusieurs variétés de texture.

DIORITE orbiculaire de Tallano.
DIORITE commune.
DIORITE globulaire (non orbiculaire).
DIORITE pseudo-fragmentaire.
SYÉNITE d'Olmeto.
SYÉNITE ordinaire.
SYÉNITE micacée.
SYÉNITE porphyroïde.
SYÉNITE amphibolifère.
SYÉNITE granitoïde
SYÉNITE schistoïde
SYÉNITE rircornienne.
EPIDOTITE commune.
EPIDOTITE chloriteuse.
DIALLAGITE commune.
DIALLAGITE porphyroïde à très-grands cristaux.
DIALLAGITE serpentineuse.
EUPHOTIDE compacte.
EUPHOTIDE chloritée.
EUPHOTIDE diallagifère.
EUPHOTIDE smaraydifère (Verde di Corsica) d'Orezza.
EUPHOTIDE grammatoïde.
EUPHOTIDE porphyroïde.

PRINCIPALES ROCHES QU'ON PEUT TROUVER DANS LA PARTIE NORD DE LA CORSE.

EUPHOTIDE décomposée, avec amiante.

Très-nombreuses variétés de texture.

SERPENTINE commune.
SERPENTINE noble.
SERPENTINE porphyroïde.
SERPENTINE bréchiforme.
SERPENTINE asbestifère.
SERPENTINE grammatiteuse.
SERPENTINE diallagifère (Verde Stella).
SERPENTINE titanifère.
PIERRE OLLAIRE de Tolla.
SERPENTINE ollaire.
SERPENTINE décomposée (asbeste).

*Très-nombreuses et très-belles variétés de texture
et de dureté.*

TALCITE commun.
TALCITE ollaire.
TALCITE chloriteux.
TALCITE phyllodiforme.

Plusieurs variétés.

PROTOGINE commune.
PROTOGINE uniforme.
PROTOGINE granitoïde.

PROTOGINE porphyroïde.
PROTOGINE oliglocosifère.
PROTOGINE micacifère.
TOURMALITE.
QUARTZ commun.
QUARTZITE talcifère.

Nombreuses variétés.

JASPES VARIÉS et AGATHES.
KAOLIN.

    Calcaires compactes et sacharroïdes indiqués comme étant d'origine crétacée dans la carte géologique de France de MM. Dufrenoy et Elie de Beaumont.

CALCAIRES nummulitriques.
NUMMULITES ramondi (de France).
ORBITOTITES fortisii, (d'archives).
ORBITOTITES submedia (d'archives).

    Calcaires grossiers et grenus miocènes avec nombreux fossiles à l'état de moules et mal conservés ; bons oursins — Canus — Natien — Trochus — Turbo — Murex — Cythereo — Arca — Modioles — Mytilus — Pecten — Astrea — Balamus — Spatangus — Echinospatangus, Clypeaster — Scutella, etc.

CALCAIRES marneux, compactes, miocènes, sans fossiles.
CALCAIRES de Bonifacio (avec fossiles)
ARGILES et MARNES quartenaires.
BRÈCHE OSSEUSE avec Lagomys Corsicanus (Cuvier)
    Myoxusglis, hélix raspallii aperta.
    Holxura, etc. etc.

                        S

Marbre, fior di persico d'Oletta.

Marbre, breccia dorata d'Olmeta.

Marbre, Verde di Bevinco.

Marbre, bardiglio de Corte et de la Restonica.

Marbre blanc à gros grains de St. Pierre de Venaco.

Marbre blanc statuaire d'Ortiporio.

Marbre, brèche blanche et violette de Popolasca.

Minerais de fer : Farinole, Venzolasca, Oletta. Olmeta,

Minerais de cuivre : Castifao, Moltifao, Linguizetta, Ponte-Leccia, Cardo, Tartagine, Lento, Canavaggia, Lunghignano, Argentella, etc.

Minerais d'antimoine : Luri, Meria, Ersa.

Minerais de plomb argentifère : Tartagine, Argentella.

Manganèse oxydé des environs de Bastia.

Anthracite d'Osani.

ÉNUMÉRATION

DES

PLANTES RARES OU REMARQUABLES

DE LA

CORSE.

Cette énumération, basée uniquement sur des échantillons reçus directement de la Corse, récoltés par divers botanistes à différentes époques de l'année, et conservés dans l'herbier du rédacteur, n'a aucune prétention de donner une liste tant soit peu complète des plantes, dont se compose la flore de l'île.

En y ajoutant les espèces que le rédacteur sait croître dans l'île, bien plus en compulsant les auteurs qui ont traité soit de la flore de l'île en particulier, soit des flores générales de la France et d'Italie, il aurait été facile de quadrupler le nombre des espèces énumérées.

Mais comme il n'a pu entrer dans le cadre de l'auteur de ce livre de donner un précis complet de l'histoire politique et géographique de l'île, il n'a pas pu être dans son intérêt, ou cadrer avec son plan, d'en donner soit une flore ou une faune complète.

L'énumération indique suffisamment les plantes qui frapperont l'attention des botanistes et amateurs, surtout ceux qui sont déjà jusqu'à un certain point intimes avec la végétation des côtes occidentales de la Méditerranée. Ainsi plusieurs espèces éminemment méridionales, qui se trouvent dans l'île, mais qui sont universellement répandues dans tout le littoral de la Méditerranée, sont omises; comme exemple nous indiquons l'Arbousier (Arbutus Unedo), le

Myrthe, l'Olivier, la Phyllerea etc. qui sont repandues dans l'île.

Il ne nous reste maintenant que de faire observer aux lecteurs qui veulent consulter cette énumération, qu'ils devraient être munis des ouvrages principaux qui traitent de la flore méditerranéenne, ou de la France.

L'Ouvrage principal est sans aucun doute, la *Flore de France* par MM. *Grenier* et *Godron :* 3 vol. 8º, dont le dernier a paru en 1856 (Paris). Un autre ouvrage, qui n'est pas sans son utilité, est *The tourists Flora* par "Joseph Woods", publié à Londres en 1850.

Si on peut ajouter à ces livres, 1º La *Flora Italiana* de Parlatore, qui se publie à Florence depuis 1848, et dont trois volumes, qui traitent des plantes monocotyledones, ont déjà parus, ainsi que La *Flora Italica* de *Bertoloni*, en 10 volumes in-8º, publiée à Bologne depuis 1833 à 1854, on aurait tout ce qui est nécessaire pour l'identification de la grande majorité des plantes, non seulement de la Corse, mais du littoral méditerranéen.

Nous n'avons encore qu'une observation à faire. C'est que nous n'avons pas indiqué la *station* des espèces c. a. d., la nature du terrain où elles croissent. Cette indication, absolument nécessaire pour faire trouver les espèces énumérées, se trouve dans les ouvrages surcités.

R. J. S.

Hyères, le 15 avril 1872.

P. S. Si les amateurs ou botanistes, qui ramasseront des plantes en Corse, surtout d'autres espèces, même les plus communes, que celles contenues dans ce catalogue, voulaient bien en remettre *des échantillons* à l'auteur de ce livre, le rédacteur de cette énumération leur en serait très-reconnaissant, en ce qu'il pourrait alors à l'occasion d'une nouvelle édition, rendre la iiste plus complète.

Thalictrum mediterraneum Jord.	Biguglia
Anemone cyanea Risso. —	Bastia
,, stellata Lam. —	,,
Ranunculus lanuginosus L. —	,,
,, velutinus Ten. —	Bastia. Biguglia
,, palustris Sm. —	Calvi
,, chærophyllus L. —	Bastia
,, rombifolius Jord. —	Ajaccio St-Florent
,, Revelieri Bor. —	Porto-Vecchio
,, trilobus Desf. —	St-Florent. Biguglia
Ficaria calthæfolia Rehb. —	Bastia
Helleborus argutifolius Viv. —	,,
Nigella Damascena L. —	,,
Aquilegia Dumeticola Jord. —	,,
Pœonia Russi Biv. —	Corte, Olmi-Capella

___

Berberis Aetnensis R. et Sch. —	M. Rotondo

___

Papaver setigerum Dec. —	Bastia
Hypecoum Glaucescens Guss. —	St-Florent

___

Fumaria Gussonii Boiss. —	Bastia.
,, speciosa Jord. —	,,

___

Mathiola annua Sweet. —	,,
Malcolmia parviflora Dec. —	Biguglia
Diplotaxis erucoides Dec. —	Bastia. ,,
Brassica sabulosa Brot. —	Sommet du Pigno
Sinapis dissecta L. —	Calvi
Barbarea rupicola Moris —	,,
,, Sicula Prese —	Porto-Vecchio
Sisymbrium polyceratium L. —	Bastia
Arabis verna R. Br. —	au Pigno

Cardamine Bocconii Viv. —	Sommet du Pigno
Thlaspi pygmæum Viv. —	Cagnone
Alyssum Corsicum Duby. —	Bastia
Kænga maritima R. Br. —	,,
Erophila Corsica Jord. —	Corte
Calepina Corvini Desv. —	,,
Bunias macroptera Rehb. —	Bastia
Isatis canescens Dec. —	,,
Biscutella Apula L. —	,,
Morisia hypogœa Gay —	Bonifacio
Rapistrum Linnæanum Boiss. et R. —	Bastia
Succowia Balearica Dec. —	Porto-Vecchio
Carrichtera Vellæ Dec. —	Bastia

Cistus Monspeliensis L. —	Bastia
,, Corsicus Lois. —	,,
Helianthemum halimifolium Willd. —	Biguglia
,, Ægyptiacum Mill. —	Le Pigno
,, Salicifolium Pers. —	Bastia et St-Florent
,, Tuberaria Mill. —	Le Pigno
Fumana viscida Spach. —	Bonifacio
,, lævipes Spach. —	,,

Viola Corsica Nyman —	Le Pigno
,, Nummularia Alt. —	M. Rotondo

Reseda suffruticulosa L. —	Bonifacio

Polygala Corsica Boreau. —	

Silene Tenoreana Colla. —	,,
,, bipartita Desf. —	—
,, pauciflora Saltzm —	Le Pigno
,, Nicæensis All. —	Biguglia
,, paradoxa L. —	Bastia
,, Cretica L. —	,,
,, Corsica Dec. —	Calvi
,, rubella L. —	—
,, littoralis Jord. —	Bastia
,, sericea All. —	St-Florent
,, Loiseleurii Gr. et Godr.	—
,, Cœli-rosa. — —	St-Florent
Dianthus velutinus Guss. —	Bastia — le Pigno
,, Godronianus Jord. —	Bastia .
Tunica bicolor Jord. —	Le Pigno

Sagina glabra Koch. —	Sommet du M. Rotondo
,, Corsica Jord. —	Coscione
Arenaria Balearica L. —	Sommet du Pigno
Cerastium soleirolii Duby —	Sommet du M. Renoso
,, Boissieri Gren. —	Sommet du Pigno
Spergularia diandra Guss. —	Bastia

Linum maritimum L. —	Bastia

Malope malacoides L. —	—
Lavatera silvestris Brot. —	Bastia
,. hispida Desf. —	Bastia. St-Florent
,, punctata All. —	Bastia

GERANUM Perreymondii Shuttl. (a)	Le Pigno
GERANIUM modestum Jord.	—
ERODIUM Botrys Bert. —	Bastia
,, Corsicum Lam. —	Calvi

―――――

HYPERICUM hircinum L. —	Bastia

―――――

OXALIS cernua Thunb. —	,,

―――――

RUTA bracteosa Dec. —	,,
., Corsica Dec. —	Val de Rivisecco M. Rotondo

―――――

CALYCOTOME spinosa Link. —	Le Pigno
,, Villosa Link. —	Bastia
GENISTA Corsica Dec. —	,,
,, aspalathoides Lam. —	Campo di l'Oro
,, Lobelii Dec. —	Sommet du Pigno
TELINE Candicans Webb. —	Bastia, le Pigno
CYTISUS triflorus L'Her. —	Bastia
LUPINUS Termis Forsk.	,,
,, luteus L.	,,
,, hirsutus L.	,,

(a) C'est le *Geranium Bohemicum Gren. et God. Bertoloni* et des flores du midi, mais nullement l'espèce
de *Linné, Koch, Gaudin* et des auteurs des flores du Nord.
Elle diffère de la plante du Nord par ses graines fortement
alvéolées, et par ses feuilles cotyledonaires, qui ressemblent
en petit aux feuilles de *Bauhinia* et non à celles du *Lirio-
dendron* (cf. Linné et Auct.)

Lupinus criptanthus Shuttl. (a).	
,, linifolius Roth (b).	Bastia.
Ononis Antiquorum L. —	Bastia
,, diffusa Ten. —	Bastia — Biguglia
,, variegata L. —	Biguglia
Anthyllis Hermanniæ L. —	Bastia
,, Dillenii Auct. —	,,
Hymenocarpus circinatus L'Her. —	,,
Medicago scutellata All. —	Bastia. — Biguglia
,, Soleirolii Duby —	—
,, præcox Dec. —	Bastia
,, marina L. —	,,
,, littoralis Rhode. —	Biguglia

(a). *Obs.* Cette espèce a été prise par bien des auteurs pour le *L. angustifolius L.* probablement d'après des échantillons en fruits ; cependant elle diffère notablement de la plante figurée par *Rivinus*, décrite par *Gren* et *God.*, et sur laquelle *Linné* a fondé son espèce.

Notre espèce admirablement décrite par *Lowe* dans les addenda au 1. vol. de son *Manual Flora of Madeira* p. 597, se distingue de l'espèce de *Linné*, par l'extrême petitesse de ses fleurs, lesquelles, agrégées au nombre de 4 à 8 au plus au sommet des ramifications de la tige principale et des branches, sont presque entièrement cachées par les feuilles terminales. La corolle tombe généralement avant de s'épanouir, par suite de l'agrandissement subit du légume. Nous avons pendant des années traversé des milliers de pieds de cette plante sans découvrir les fleurs même pendant la floraison.

(b) C'est sans aucun doute l'espèce décrite et figurée par *Roth*. Confondue aussi probablement avec le *L. angustifolius* par plusieurs auteurs, elle s'en distingue surtout par ses légumes très-étroits, presque ronds à la maturité des graines, et par ses graines bien plus petites et globuleuses.

Medicago Braunii Gr. et God —   Bastia
,,   Morisiana Jord. —   St-Florent
,,   sphærocarpa Bert. —   Bastia
Melilotus compacta Saltzm. —   ,,
,,   Neapolitana Ten. —   ,,
Trifolium Cherleri L. —   Bastia — Corte
,,   Panormitanum Presl. —   Biguglia
,,   lappaceum L. —   ,,
,,   Ligusticum Bab. —   Bastia
,,   tenuiflorum Ten —   —
,,   Bocconi Savi —   —
,,   subterraneum L. —   —
,,   tomentosum L. —   Biguglia
,,   spumosum L. —   Calvi
,,   vesiculosum Savi —   —
,,   lævigatum Desf —   —
,,   glomeratum L. —   Ajaccio
,,   nigrescens Viv. —   Bastia
,,   filiforme L. —   —
,,   procumbens L. —   —
Dorychnopsis Gerardi Boiss. —   Bastia
Bonjeanea hirsuta Rehb. —   St-Florent
Lotus angustissimus L. —   —
,,   Conimbricensis Brot. —   Bastia
,,   Creticus L. —   Bastia St-Florent
,,   Allionii Desv. —   Bastia
,,   edulis L. —   ,,
,,   ornithopodiodes L. —   ,,
Astragulus hamosus L. —   St-Florent
,,   Bæticus L. —   Bonifacio
Bisserula Pelecinus L. —   Bastia. Calvi
Psoralea plumosa Rehb. —   St-Florent
Vicia altissima Desf. —   Bonifacio
,,   serratifolia Jacq. —   Bastia
,,   disperma Dec. —   ,,

Vicia monanthos Koch.—	Bastia
„ atropurpurca Desf. —	Bastia. — St-Florent
„ pseudo-cracca Bert.—	Bastia. — Biguglia
„ dasycarpa Ten. —	Porto Vecchio
Pisum elatius M. Bieb. —	Bastia
Lathyrus ochrus Dec. —	,,
„ ensifolius Badarro.—	,,
„ variegatus Ten. —	,,
Ornithopus perpusillus L. —	—
Hippocrepis ciliata Willd. —	Bastia
„ unisiliquosa Lam.—	St-Florent
Securigera Coronilla Dec. —	Bastia
Hedysarum capitatum Desf. —	Bonifacio

Potentilla hirta L. —	Bastia
„ crassinervia Viv. —	M. Rotondo
„ pygmæa Jord. —	Coscione
Rosa sempervirens L.—	Bastia
„ Seraphini Viv.—	,,

Poterium microcarpum Bov.—	Bastia
Alchemilla alpina L.—	—
„ vulgaris L.—	—
„ arvensis L.—	Bastia
„ microcarpa Boiss. et R.—	Bevinco

Lythrum Græfferi Ten. —	St-Florent
Peplis erecta Reg. —	—

Tamarix Africana Poir. —   Biguglia

Montia rivularis Gmel. —   —

Paronychia echinata Lam. —   Bastia
  ,, argentea L. —   —
Corrigiola telephiifolia Pourr. —   Biguglia
Scleranthus Delorti Gren. —   Sommet du Pigno

Tillœa muscosa L. —   Campo di l'Oro
Sedum rubens L. —   —

Mesembryanthemum nodiflorum L. —   Bonifacio
  ,, crystallinum L. —   ,,

Saxifraga stellaris L. —   M. Rotondo
  ,, Corsica Gren. et God. —   Sommet du Pigno
  ,, Pedemontana All. —   Sommet du M. Rotondo

Daucus maximus Desf. —   Bastia
Orlaya maritima Koch. —   Biguglia
Peucedanum paniculatum Lois. —   Sommet du Pigno
Pastinaca divaricata Desf. —   Corte
  ,, latifolia Dec. —   Bastia
Brignolia pastinacæfolia Bert. —   ,,
Oenanthe apiifolia Brot. —   ,,
Bupleurum stellatum L. —   M. Rotondo
  ,, fruticosum L. —   Bastia
  ,, tenuissimum L. —   ,,
Pimpinella peregrina L. —   ,,

Bunium corydalinum Dec. —	Sommet du Pigno
Pychotis verticillata Duby. —	Le Pigno
,, Ammoides (All). —	Bonifacio
Helosciadium crassipes Koch. —	Bonifacio
Asperula lævigata L. —	Bastia
Vaillantia muralis L. —	Bonifacio
Galium vernum Scop. —	Le Pigno
,, ellipticum Willd. —	Bastia
., viridulum Jord. —	—
,, Bernardi Gren et God. —	Sommet du Pigno
.. cinereum All. —	Le Pigno
., rubrum L. —	,,
.. Corsicum Spreng. —	,,
., divaricatum Lam. —	—
., saccharatum All. —	Bastia
,. murale All. —	..

Valerianella puberula Dec. —	Porto-Vecchio
,, truncata Dec. —	—

Dipsacus ferox Lois. —	Cap Corse
Knautia hybrida Coult. —	Biguglia
Scabiosa rutœfolia Vahl. —	,,

Eupatorium Corsicum Lois. —	Bastia
Solidago nudiflora Viv. —	Corte
Phagnalon Tenorii Presl. —	Bonifacio
,, sordidum Dec. —	Bastia
Coniza ambigua Dec. —	,,
Bellium bellidioides L. —	Bastia

Bellis annua —	Bastia
,, silvestris Cyr. —	,,
Aronicum Corsicum Dec. —	Corte
Senecio leucanthemifolius Poir. —	Porto-vecchio
Artemisia Absinthium L. —	—
,, arborescens L. —	Bastia
,, cœrulescens L. —	Bastia, — Biguglia
Tanacetum Audiberti Dec. —	La Restonica
Plagius ageratifolius L'Her. —	Erbalunga
Pyrethrum tomentosum Dec. —	Sommet du M. Rotondo
Nananthea perpusilla Dec. —	Bonifacio
Chrysanthemum Myconis L. —	Bastia
Pinardia Coronaria Cass. —	,,
Cota altissima Gay. —	,,
Anthemis secundiramea Biv. —	,,
Anacyclus clavatus Pers. —	Bonifacio
Santolina incana Lam. —	Bastia
Achillea Ageratum L. —	Biguglia
,, Ligustica All. —	Bastia
Asteriscus maritimus Mœnch. —	Bastia, Bonifacio
Pulicaria odora Rehb. —	Bastia
Cupularia viscosa Gren. et God. —	,,
Helichrysum angustifolium. Dec. —	,,
,, microphyllum Camb. —	Ile de Lavezzi
,, frigidum Willd.	Sommet du M. Renoso
Gnaphalium pusillum Willd. —	M. Rotondo
Filago eriocephala Guss. —	Bastia
Logfia tenuifolia (Presl). —	Biguglia
Evax pygmœa Pers.	Ajaccio
,, rotundata Moris. —	Bonifacio
Calendula fulgida Raf. —	Bastia
,, parviflora Raf. —	,,

Onopordon Illyricum L. —   St-Florent
Cynara Cardunculus L. —   Aleria
Cirsium polyanthemum Dec. —   Bastia-Biguglia
Carduus Sardous Dec. —   Bastia
Carduncellus Monspeliensium All. —   —
Centaurea napifolia L. —   Ajaccio
    ,,   sphœrocephala L. —   Bastia-Biguglia
Crupina Morisii Boreau. —   Bastia
    ,,   vulgaris Cass. —   Ajaccio
Leuzea conifera Dec. —   Bastia
Carlina corymbosa L. —
    ,,   macrocephala Moris. —   La Foce di Vizzavona

Hyoseris radiata L. —   Bastia
Hypochœris pinnatifida Cyr. —   Le Pigno
Seriola Ætnensis L. —   Bastia
Robertia taraxacoides Lois. —   Le Pigno-Cap Corse, Ajaccio
Thrincia tuberosa Dec. —   Bastia
Tolpis virgata Bert. —   ,,
Zacintha verrucosa Gærtn. —   ,,
Crepis decumbens Gren et God. —   Cap Corse
    ,,   cœspitosa Gren. et Gor. —   Le Pigno
    ,,   bulbosa Cass. —   Bastia
Hieracium Provinciale Jord.—   Bastia, Cardo

Xanthium fuscescens Jord. —   Biguglia
    ,,   Italicum Moretti. —   ,,

Laurentia Michelii Dec. —   Ajaccio
    ,,   tenella Dec. —   Cap Corse

PHYTEUMA serratum Viv. —   M. Rotondo
SPECULARIA falcata Alph. Dec. —   Bastia

ERICA arborea L. —   Bastia
   ,, Stricta Don. —   Corte-Vico

CYCLAMEN Neapolitanum Ten. —   Bastia-Cardo (Oct)
   ,,   repandum Sibth. et Sm. —   Bastia Cardo(Avril)
ANAGALLIS parviflora Hoffm. et Link. —   Biguglia

FRAXINUS Ornus L. —   Bastia

VINCA media Link et Hoffm. —   Bastia
NERIUM Oleander L. —   St-Florent

GOMPHOCARPUS fruticosus R. Br. —   Bastia

ERYTHRŒA tenuiflora Hoffm. et Link. —   Bastia
   ,,   spicata Pers. —   ,,
CICENDIA filiformis Del. —   —
GENTIANA asclepiadea L. —   Bastelica

CONVOLVULUS Siculus L. —   St-Florent
CRESSA Cretica L. —   Cap Corse

CERINTHE aspera Roth. —   Bonifacio
BORRAGO laxiflora Dec. —   Bastia

Symphytum bulbosum Schimp. —	Bastia
Anchusa undulata L. —	Porto vecchio
Echium maritimum Willd. —	Bonifacio
,, plantagineum L. —	—
,, calycinum Viv. —	St-Florent
Myosotis pusilla Lois. —	Ajaccio

Solanum Sodomeum L. —	St-Florent

Verbascum bicolor Badarro. —	Bastia
,, australe Schrad. —	,,

Orobanche speciosa Dec. —	Bastia

Scrophularia trifoliata L. —	Bastia
,, aquatica L. var. oblongifolia Lois.	,,
,, ramosissima Lois. —	,,
Linaria œquitriloba Duby. —	Le Pigno
,, hepaticœfolia Duby. —	Vizzavona
,, crinita P. Mabille. —	Bastia
,, Grœca Chad. —	,,
,, cirrhosa Willd. —	
,, Chalepensis Mill. —	St-Florent
,, triphyllos Mill. —	Bonifacio
Veronica Bodardi Jord. —	Bastia
,, fallacina Jord. —	,,
,, Panormitana Tineo. —	Toga
Digitalis purpurea L. —	—
Odontites albidula P. Mabille. —	Sommet du Pigno
Eufragia latifolia Griseb. —	Bastia

T

LAVANDULA Stœchas L. —   Bastia
MENTHA insularis Req. —   ,,
LYCOPUS menthœfolius P. Mabille. —   ,,
THYMUS Herba-Baroni Lois. —   Sommet du Pigno
MICROMERIA Grœca Benth. —   Bastia
CALAMINTHA Corsica Benth. —   Sommet du Renoso
MELISSA cordifolia Pers. —   Bastia
NEPETA agrestis Lois. —   Vizzavona
LAMIUM bifidum Cyrillo. —   Bastia
STACHYS Heraclea All. —   —
    ,,   Germanica L. —   —
    ,,   Corsica Pers. —   Corte
    ,,   glutinosa L. —   Bastia—Bonifacio
PRASIUM majus L. —   Ajaccio
AJUGA Pseudo-Iva Rob. et Cast. —   —
TEUCRIUM scordioides Schreb. —   Biguglia
    ,,   flavum L. —   Bastia
    ,,   Marum L. —   ,,
    ,.   capitatum L. —   ,,

————————

ACANTHUS mollis L. —   Bastia

————————

VITEX Agnus-castus L. —   Bastia

————————

PLANTAGO subulata L. B. insularis Gren. —
        et God.   Sommet du Rotondo
    ,,   Bellardi All. —   Bastia —Ajaccio

————————

ARMERIA multiceps Wallr. —   Sommet du Rotondo
    ,,   Kochii Boiss. —   Coscione

Armeria leucocephala Koch. —	Le Pigno
Statice serotina Rchb. —	Biguglia
,, rupicola Badarro. —	—
,. pubescens Dec. —	—
,. articulata Lois. —	Bastia
., dictyochlada Boiss. —	Biguglia
,, virgata Willd. —	S¹-Florent
,, echioides L. —	—
Plumbago Europœa L. —	Corte

Phytolacca decandra L. —	—

Euxolus deflexus Raf. —	Bastia
Amaranthus albus L. —	,,
Polycnemum arvense L. —	,,

Atriplex rosea L. —	Bastia
Obione portulacoides Moq. —	Biguglia
,, Grœca Moq. —	—
Chenopodium polyspermum L. —.	Corte
Blitum Bonus-Henricus Koch. —	M¹.Rotondo
Salicornia radicans Sm. —	Bonifacio

Oxyria reniformis Hook. —	M¹.Rotondo
Polygonum Bellardi All. —	Bastia
,, equisetiforme Sibth. et Sm.	Calvi

Daphne Gnidium L. —	Bastia
Daphne lucida Lois. —	Goscione
Thymelœa pubescens (Guss.) —	—

Thymelœa Tarton-vraira All. c. calvecsens
           Gr. et God.   Sommet du Pigno
,,   hirsuta Endl. —   Bastia

Thesium humile Vahl. —   Bonifacio

Euphorbia Chamœsyce L. —   Bevinco
,,   pterococca Brot. —   —
,,   cuneifolia Guss. —   Biguglia
,,   spinosa L. —   Bastia
,,   Pithyusa L. —   Erbalunga
,,   dendroides L. —   St-Florent
,,   Terracina L. —   Bastia
,,   Gayi Salis. —   Sommet du Pigno
,,   peploides Gouan. —   Bastia
,,   segetalis L. —   ,,
,,   pinea L. —   ,,
,,   semiperfoliata Viv. — ,,
,,   Characias L. —   ,,
Mercurialis Corsica Coss. — Cap Corse
,,   ambigua L. fil. —   Bastia
Crozophora tinctoria Juss.   St-Florent

Urtica membranacea Poir. — Bastia
,,   atrovirens Req. —   ,,
,,   hispida Dec. —   Bastelica
,,   Balearica L. —   Bastia
Helxine Soleirolii Req. —   Cap Corse
Parietaria Lusitanica L. — Bastia
Theligonum Cynocrambe L. — ,,

Ostrya carpinifolia Scop. —	Bastia
Quercus Ilex L. —	,,
,, Suber L. —	,,
Alnus suaveolens Req. —	Mᵗ. Rotondo
,, cordata Lois. —	Val di Lavazzina
Pinus Laricio Poir. —	—
Colchicum Neapolitanum Ten. —	Bastia
Narthecium ossifragum Huds. —	Mᵗ d'Oro
Lilium candidum L. —	Bastia
., croceum Chaix. —	,,
Ornithogalum exscapum Ten. —	Bonifacio
,, Pater-familias God. —	Bastia
., Arabicum L. —	,,
Gagea Corsica Jord. —	Le Pigno
Allium Chamœmoly L. —	Bastia
,, subhirsutum L. —	Bastia—Sᵗ-Florent
,, triquetrum L. —	Bastia
,, Neapolitanum Cyr. —	,,
,, pallens L. —	Biguglia
,, pauciflorum Viv. —	Le Pigno
Hyacinthus fastigiatus Bert. —	Sommet du Pigno
Bellevalia Romana Kunth. —	Biguglia
Asphodelus microcarpus Viv. —	Bastia
,, Corsicus Jord. —	Sommet du Pigno
,, approximatus Gren. et God. —	Bastia
Crocus minimus Dec. —	Bastia
Trichonema Requienii (Parl.) —	Bonifacio
,, Revelieri Jord. —	,,
,, Linaresii (Parl.) —	Porto-Vecchio

GYNANDIRIS Sisyrinchium Parl.   Bonifacio

LEUCOIUM roseum Lois. —   Ajaccio
,,   longifolium Gay. —   Calvi
NARCISSUS niveus Lois. —   Bastia
,,   Tazetta L. —   Bastia—Bonifacio
PANCRATIUM Illyricum L. —   Bastia

SERAPIAS longipetala Poll. —   Ajaccio—Bastia
,,   cordigera L. —   Bastia
.,   neglecta de Not. —   Ajaccio
,,   occultata Gay. —   Bastia
ORCHIS papilionacea L. —   ,,
,,   Morio L. —   Ajaccio
.,   Tenoreana Guss. —   Bastia
,,   provincialis Balb. —   ,,
,,   panciflora Ten. —   Col du Teghime. S. du Pigno
,,   laxiflora Lam. —   —
OPHRYS aranifera Huds. —   Ajaccio
,,   bombyliflora Link. —   Col du Teghime
,,   fusca Link. —   —

TRIGLOCHIN laxiflorum Guss. —   Ajaccio
,,   Barrelieri Lois. —   Porto Vecchio

DRACUNCULUS crinitus Schott. —   Ile de Lavezzi
ARUM pictum L. —   Porto vecchio
ARISARUM vulgare Rehb. —   Bastia

JUNCUS Requienii Parl. —   Lac de Vitalacca, M. Renoso

Juncus capitatus Weig. —   —
  ,,   fasciculatus Bert. —   Bastia

Cyperus Monti L. —   Cap Corse
  ,,   schœnoides Griseb. —   Bastia
  ,,   olivaris Targ. Tazz. —   ,,
  ,,   melanorhizus Del. —   Erba lunga
  ,,   fuscus L. var. virescens—   Bastia
Fuirena pubescens Kunth. —   Ajaccio
Carex Linkii Schk. —   Bastia
  ,,   microcarpa Saltzm. —   Sources' du Pigno
  ,,   intricata Parl. —   Les Pozzi du Renoso
  ,,   eytensa Good. —   —
  ,,   Halleriana Asso B. Corsica P. Mabille. —S. du Pigno.
  ,,   Olbiensis Jord. —   Bastia
  ,,   serrulata Biv. —   Au Pigno

Phalaris brachystachys Link. —   Bastia
  ..   nodosa L. —   St-Florent
Crypsis aculeata Ait. —   Marais de Barcaggio
Panicum repens L. —   Biguglia
Spartina versicolor Fabri. —   ,,
Andropogon hirtum L. —   Bastia
Sorghum Halepeuse Pers. —   Biguglia
Imperata cylindrica P. d. B. —   Bastia
Arundo Donax L. —   ,.
Phragmites communis Trin. —   Biguglia
  ,,   flavescens Peterm. —   ,,
  ,,   chrysanthus P. Mabille. —   ,,
Deyeuxia montana P. d. B. —   Corte
Psamma australis P. Mabille. —   Bastia
Agrostis verticillata Vill. —   ,,
  ,,   alba L. var. colorata. —   ,,

Agrostis spallida Dec. —	Ajaccio — Biguglia
Sporobolus pungens Kunth. —	Bastia
Polypogon maritimus Willd. —	Bastia — Biguglia
,, subspathaceus Req. —	Ajaccio
Stipa tortilis Desf. —	Bastia
Piptatherum multiflorum P. d. B.	
var. Thomasii (Kunth)—	Bastia — Ajaccio
Aira Corsica Jord. —	Ajaccio
Aira Edouardi Reut. —	Bastia
,, capillaris Host. —	Le Pigno
,, intermedia Guss. —	Bastia
,, ambigua de Not. —	Le Pigno
Trisetum neglectum Willd. —	Biguglia
Glyceria festucœformis Heynh. —	,,
Eragrostis pœoides P. d. B. —	Bastia
Melica Nebrodensis Parl. —	,,
,, major Sibth. et Sm. —	::
,, minuta L. —	::
Scleropoa maritima Parl. —	Biguglia
Aeluropus littoralis Parl. —	Marais de Barcaggio
Cynosurus elegans Desf. —	Le Pigno
,, Corsicus Jord. —	—
Lamarckia aurea Mœnch. —	Bastia
Vulpia Ligustica Rchb. —	,,
Festuca pumila Chaix. —	Sommet du Renoso
Serrafalcus intermedius Parl.—	
Agropyrum scirpeum Presl. —	Biguglia
,, junceum (L.) —	Bonifacio
Brachypodium ramosum R. et Sch. —	Bastia
,, distachyon P. d. B. —	,,

Acotyledonées vasculaires.

Ophioglossum Lusitanicum L. —	Biguglia
Notochloena Marantœ R. Br. —	Bastia, etc
,, lanuginosa Kaulf.—	,,
Grammitis leptophylla Sw. —	Bastia
Asplenium marinum L. —	Corte
,, obovatum Viv. —	Bastia à Griggione
Scolopendrium Hemionitis Sw. —	Santa Manza
Pteris Cretica L. —	Bastia
Cheilanthes odora Sw. —	Bastia à Sta-Lucia

Equisetum ramosissimum Desf. —	Bastia

Isoetes Duriœi Bory. —	Bastia à Griggione
,, Hystrix Durieu. —	Bonifacio

Selaginella denticulata Link. —	Bastia

Chara Ponzolzii Gay. —	Portovecchio

Obs. Les localités données indiquent uniquement où les échantillons reçus ont été pris, sans vouloir dire que ces espèces ne se trouvent que là.

ÉNUMÉRATION

DES

MOLLUSQUES TERRESTRES ET D'EAU DOUCE

DE LA

CORSE.

Trois petits ouvrages traitant spécialement des Mollusques de l'île de Corse, ont été publiés :

1º   Catalogue descriptif et méthodique des Annelides et des Mollusques de l'île de Corse, par *B. C. Payraudeau*. Paris 1826 in-8º (avec planches). —

2º   Ueber die Land-und Süsswasser-Mollusken von Corsika, von *Herrn Shuttlewcorth* (dans le Nº 2 ,,der Mittheilungen der naturforschenden Gesellschaft in Bern'')

3º   Catalogue des Coquilles de l'île de Corse, (par *E. Requien.)*   Avignon 1848 in-8º.

Les échantillons de toutes les espèces énumérées dans la seconde brochure se trouvent dans la collection du rédacteur de ces pages, et sont distinguées par un astérisque ; les autres espèces énumérées reposent sur l'autorité de MM. Payraudeau. et Requien.

Comme toutes les espèces, dans ces trois ouvrages, se trouvent réunies içi dans une seule liste, on peut la regarder comme un Catalogue à peu près complet de tous les Mollusques terrestres et d'eau douce dont la présence en Corse a été constatée ; cependant quelques espèces citées par Payraudeau reposent évidemment soit sur des erreurs de détermina-

tion, soit sur une fausse indication de localité, et de plus un
certain nombre d'espèces établies par Requien n'ont pas encore été vérifiées — M. le D^r. Pfeiffer, dans ses nombreuses
Monographies et (suppléments) des Mollusques terrestres en
général (publiées à Cassel in-8°), donne la Corse comme patrie d'un certain nombre d'espèces non incluses dans cette
énumération. Cette exclusion est motivée par l'absence de
toute autorité pour cette provenance, et parce que toutes ces
espèces, bien connues comme se trouvant autre part — comme en Dalmatie, la Sicile etc. — n'ont jamais été, à notre
connaissance, rapportées de, ou trouvées en Corse.

Il nous reste à observer, que ce n'est que la partie littora-
le et les collines avoisinantes de l'île qui ont été bien explorées sous le rapport malacologique ; sans doute les gorges
profondes, les hautes montagnes et les forêts de l'intérieur de
l'île doivent recéler bien des espèces nouvelles ou pas encore
indiquées en Corse.

Berne, 20 Août 1872.   R. I. S.

Mollusca Gasteropoda.

LIMAX Gagates Drap.
 ,,   cinereus Müll.
 ,,   agrestis L.
ARION rufus Fer.
* TESTACELLUS haliotidea Drap.
* SUCCINEA Corsica Shuttl
HELIX cellaria Müll,
* ,,   Blauneri Shuttl. *(H. obscurata Requien.)*
 ,,   nitens L.

Helix lucida Drap. *(H. nitida Payr.)*
* „   hyalina Fer.
* „   Algira L.
  „   planospira Lam.
* „   Raspailii Payr.
* „   cornea Drap.
  „   Pouzolzii Payr.

Obs. D'après Mr. Payraudeau cette espèce a été trouvée
par M. Pouzolz sur le Mte Cagna, où on ne l'a plus retrou-
vée. Comme cette espèce est abondante en Dalmatie, nous
sommes convaincus que c'est par erreur qu'on l'indique en
Corse.

* Helix rotundata Müll.
* „   Lenticula Fer.
* „   apicina Lam.
* „   conspurcata Drap.
* „   striata Drap.
* „   Cespitum Drap.
  „   ericetorum Müll.

Obs. Nous ne croyons pas que cette espèce vient en
Corse.

* Helix neglecta Drap.
* „   variabilis Drap.
* „   maritima Drap.
* „   Pisana Müll.
* „   cinctella Drap.
* „   Corsica Shuttl.
* „   perlevis Shuttl.
* „   pellucens Shuttl.
* „   Carthusianella Drap.
* „   Carthusiana Drap.
* „   aculeata Müll.
* „   rupestris Drap.
* „   nemoralis Müll.
* „   candidissima Drap.

˙ Helix aspersa Müll.

    Obs. Espèce très-variable sous tous les rapports.

˙   ,,   aperta Born.

˙   ,,   tritis Pf. *(H. ceratina Shuttl.)*

    ,,   melanostoma Drap.

    ,,   lactea Müll.

˙   ,,   vermiculata L.

˙   ,.   serpentina Fer.

    Obs. Espèce variable, dont une forme se raproche beaucoup de l'*H. marmorata* Fer. ; une autre forme est le *H. hospitans* Bon.

Helix   splendida Drap.

˙   ,,   elegans Drap.

˙   ,,   conica Drap.

    ,,   pyramidata Drap.

˙   ,,   pulchella Müll.

˙   ,,   fulva Müll.

˙ Bulimus decollatus L.

˙   ,,   acutus Drap.

˙   ,,   ventricosus Drap.

˙   ,,   conoideus Rossm. *(Helix — Drap.)*

˙ Achatina Folliculus Lam.

˙   ,.   Acicula Lam.

     ,,   Hohenwarti Rossm.

˙   ,,   lubrica Lam.

˙ Balea fragilis Gray.

ʼ Pupa cinerea Drap.

˙   ,,   ,,   var. pachygaster Shuttl.

    ,,   quadridens Drap.

˙   ,,   seductilis Jan.

˙   ,.   umbilicata Drap.

    ,,   marginata Drap.

    ,,   minutissima Hartm.

    ,,   *(Vertigo)* pygmœa Drap.

* CLAUSILIA papillaris Drap.
　　　,,　　solida Drap.
* 　　,,　　Küsteri Rossm.
* 　　,,　　Meisneriana Shuttl.
　　　,,　　plicatula Drap.
　　　,,　　rugosa Drap.
AURICULA Firminii Fayr.
* 　　,,　　Myosotis Payr.
* 　　,,　　Payraudeaui Shttl.
* CARYCHIUM minimum Drap.
TRUNCATELLA truncatula Drap.
　　　　　(Cyclostoma truncata et Desnoyersii Payr.)
　　　,,　　lœvigato Risso.
　　　,,　　minuta Requien
* CYCLOSTOMA elegans Drap.
　　　,,　　sulcatum Drap.
　　　,,　　obscurum Drap.
* VALVATA Planorbis Drap.
* PALUDINA impura Drap.
　　　,,　　Idria Fer.
* 　　,,　　anatina Drap.
* 　　,,　　abbreviata Mich.
* 　　,,　　acuta Drap.
　　　,,　　Adjaciensis Requien.
　　　,,　　minuta Requien.
　　　,,　　spirata Requien.
PLANORBIS corneus L.
　　Obs. Espèce fort douteuse pour la Corse!
* 　　,,　　marginatus Drap.
* 　　,,　　Acronicus Fer. *(Pl. Spirorbis Drap. non L.)*
　　　,,　　carinatus Müll.
* 　　,,　　complanatus Drap.
　　　,,　　Moquini Requien.
* LIMNŒUS palustris Drap.
　　　,,　　ovatus Drap.

* Limnœus pereger Drap.
*   ,,   minutus Drap.
* Ancylus lacustris Drap.
*   ,,   fluviatilis Drap.
  ,,   ,.   var A. costatus Villa.

Mollusca conchifera.

Pisidium obliquum Phil.
*   ,,   australe Phil.
  ,,   fontinale Drap.
* Cyclas calyculata Drap.
* Unio Capigliolo Payr.
  ,, Turtonii Payr.

Notes supplémentaires. Il nous reste à attirer l'attention des naturalistes sur une production fort intéressante, qui paraît loin d'être rare sur les parois des rochers de l'île de Corse. C'est l'habitation héliciforme des larves, probablement d'une espèce de *Phryganea*.

Cette espèce de coquille est haute et large de 5 à 6 millimètres tout au plus, le test est membraneux, mais l'animal y agglutine de nombreux petits grains des debris des rochers, de manière qu'il est assez difficile de la reconnaître. Cette habitation de larves d'insectes est fermée par un opercule membraneux, pourvu d'une fente excentrique pour la respiration.

Cette même production, ou une très-voisine (car nous ne

pouvons les distinguer). se trouve daus les Etats-Unis de l'Amérique du Nord, et a été décrite et figurée par Lea, comme un nouveau mollusque d'eau douce sous le nom de Valvata arenifera (Lea Obs. V, p. 114 Tab. XV, fig. 36 a et b.)

Nous avons ouverts de nombreux échantillons tant de l'espèce américaine, que de celle de la Corse et dans tous nous avons trouvé les larves bien conservées.

TABLE DES MATIÈRES.

1868.

C

FIN DE LA TABLE.